Klüver
Willkommen
Geschwisterchen

Nathalie Klüver, freiberufliche Journalistin für verschiedene Zeitschriften und selbst Mutter von zwei (bald drei) Kindern, berichtet in ihrem Mamablog (www.ganznormalemama.com) aus ihrem Familienalltag. Es geht dabei um den ganz normalen Wahnsinn im Familienalltag, um Ernstes, Nachdenkliches und natürlich Heiteres – denn mit Humor geht alles leichter! Wenn man weiß, dass es anderen genauso geht, ist alles gleich nur halb so schlimm, ist ihr Motto, das sich durch ihre gesamte Arbeit zieht.

Nathalie Klüver

Willkommen Geschwisterchen

Entspannte Eltern und glückliche Kinder

TRIAS

Leben mit Kindern? Wunderschön!

Seit ich meine Kinder habe, ist mein Leben auf den Kopf gestellt. Dinge, die mir früher wichtig waren, sind auf einmal nebensächlich. Vormittags bin ich die freiberufliche Journalistin, die konzentriert recherchiert und schreibt, nachmittags die Mutter, die mit ihren Jungs auf dem Spielplatz sitzt. Schon die Geburt meines großen Sohnes (heute 6 Jahre alt) veränderte alles. Aber die Geburt meines zweiten Sohnes vor bald vier Jahren warf noch einmal völlig neue Fragen auf: Wie würde ich beiden Kindern gerecht werden? Ich kann mich ja nicht zweiteilen. Und dann das Ding mit der Eifersucht: Lässt sie sich vermeiden?

Als mein zweiter Sohn auf die Welt kam, begann ich, meinen Blog www.ganznormalemama.com zu schreiben. Um meine Gedanken loszuwerden, um anderen Müttern zu zeigen: »Ihr seid nicht allein.« Ich merkte bald, wie es mir guttat, meinen chaotischen Alltag zu schildern und von meinen Leserinnen zu hören: »Bei uns quillt der Wäschekorb auch immer über.« Wenn man weiß, dass man nicht die Einzige ist, dann ist das Ganze gleich viel leichter zu ertragen.

So kam die Idee zu diesem Buch und den bewusst vielen Mütterzitaten. Wie mit meinem Blog möchte ich zeigen, dass die Fragen ganz normal sind, die sich stellen, wenn das zweite Kind kommt. Dass ein gewisses Chaos – im Haushalt und in den Gefühlen! – einfach dazugehört. Ich möchte mit diesem Buch Mut machen und praxisnahe Lösungswege aufzeigen, wie Sie das Leben zu viert meistern können. Es wird sich viel verändern, aber längst nicht alles. Denn man wächst mit seinen Aufgaben, auch wir Eltern!

Viel Spaß beim Lesen und gute Nerven wünscht Ihnen

Nathalie Klüver

Ja, wir wollen ein zweites Kind!

Geschwister sind toll – aber welcher Altersabstand ist gut? Und wie sage ich meinem Kind, dass es bald einen kleinen Bruder oder eine kleine Schwester bekommt?

Ein zweites Kind?
Auf jeden Fall!

Überlegen Sie, ob Sie gern ein Geschwisterchen für Ihren kleinen Wirbelwind hätten, oder sind Sie bereits schwanger? Nur Mut – zwei Kinder sind ein tolles Team.

Mutter, Vater und zwei Kinder – immer noch häufig das Ideal der perfekten Familie. Das vierblättrige Kleeblatt, das nur Glück bringen kann. Hand in Hand durch die Welt, außen die Eltern, innen die Kinder, adrette Kleidung, schönes Haus, stets ein entspanntes Lachen auf den Gesichtern – so die Wunschvorstellung, die uns die Werbewelt vorgaukelt. Dass Familien mit zwei Kindern nicht immer auf dieser pastellfarbenen Heile-Welt-Wunschvorstellungs-Wolke schweben, darüber müssen Sie sich im Klaren sein, bevor Sie sich für ein zweites Kind entscheiden. Ein zweites Kind ist immer auch eine Belastungsprobe für die Beziehung, denn natürlich wird es erst einmal stressiger werden. Klar ist: Wenn das zweite Kind kommt, wird aus einem eingespielten Dreierteam ein Viererteam.

Dieses Buch begleitet Sie in der ersten aufregenden Zeit zu viert, in der Sie sich bestimmt nicht nur eine dritte oder vierte Hand wünschen, sondern sicher auch ganz viele Fragen haben. Denn zwei Kinder sind nun mal mehr als eines. Das ändert vieles – aber nicht alles.

Viele Fragen

Wenn sich das zweite Kind ankündigt, kreisen vielen Eltern jede Menge Fragen im Kopf herum, und nicht auf alle findet man so leicht eine Antwort. Besonders Eltern, die selbst als Einzelkinder aufgewachsen sind und das Familienleben zu viert nicht vorgelebt bekommen haben, sind oft unsicher.

- Wie bereiten wir uns als Dreierteam auf ein Familienleben zu viert vor?

Maria, Mama von Niklas (4)
und Mona (2)

100 Fragen – schlaflose Nächte

>> *Da ich selbst zwei Geschwister habe, war mir immer klar, dass ich auf jeden Fall mehr als ein Kind haben möchte. Aber trotzdem stellte ich mir vor der Geburt unserer kleinen Tochter viele Fragen, allen voran die Frage, ob ich meine Tochter genauso lieben würde wie unseren großen Sohn. Aber es waren auch ganz praktische Fragen: Brauchen wir ein neues Auto? Haben wir genug Platz für zwei Kinderzimmer? Schlafen wir dann alle in einem großen Bett? Werde ich mit zwei Kindern jemals wieder irgendwo pünktlich hinkommen? Das schafft man ja schon mit einem kaum! Irgendwie wusste ich, wir würden das schon alles hinbekommen, andere haben es ja auch geschafft. Aber trotzdem gab es viele Nächte, in denen ich wach lag und nach Antworten suchte.* ◄◄

- Wie schaffen wir es, dass sich Eifersucht und Streit in Grenzen halten?
- Können wir es beeinflussen, ob unsere Kinder einmal gute Freunde sein werden oder ewige Rivalen?
- Kann ich ein weiteres Kind genauso lieben wie das erste?
- Was ist mit meinem Beruf? Wann werde ich endlich wieder richtig arbeiten können?
- Können wir uns ein zweites Kind finanziell überhaupt leisten?
- Wo bleibe ich im neuen Familiengefüge – wo bleibt die Zeit für mich selbst?
- Wie bleiben wir als Eltern ein Paar?
- Wie schaffen wir es, auch mit zwei Kindern Zeitinseln für uns allein freizuschaufeln?

Warum gibt es so viele Einzelkinder?

Früher waren Einzelkinder die Ausnahme, doch die Zeiten sind schon lange vorbei. Jedes vierte Kind wächst in Deutschland ohne Geschwister auf. Aber immer noch ist die Zwei-Kind-Familie die häufigste Konstellation: 2014 lebte laut Statistischem Bundesamt knapp die Hälfte der Kinder mit einem Geschwisterkind, 26 Prozent hatten zwei oder mehr Geschwister. In der Stadt gibt es übrigens mehr Einzelkinder als auf dem Land. Ein Unterschied, der auch auf den knappen Wohnraum in den Städten zurückzuführen sei, sagen Forscher vom Staatsinstitut für Familienforschung der Universität Bamberg.

Einer der Hauptgründe für die steigende Einzelkindrate ist nach wie vor, dass viele Paare die Familiengründung immer weiter vor sich herschieben. Bekamen Frauen ihr erstes Kind 1980 noch durchschnittlich mit 25,2 Jahren (Westdeutschland) beziehungsweise mit 22,2 Jahren (Ostdeutschland), waren sie 2015 laut Statistischem Bundesamt 29,5 Jahre alt, wenn sie zum ersten Mal Mutter wurden. Wenn man dann die Entscheidung für das zweite Kind vor sich herschiebt, fängt die biologische Uhr an zu ticken. Denn die Wahrscheinlichkeit, schwanger zu werden, sinkt jenseits der 30 – daran ist nicht zu rütteln, auch wenn wir uns immer jünger fühlen, als wir sind. Es sind also manchmal einfach biologische Gründe, die zu einer Ein-Kind-Familie beitragen. Ein immer häufiger auftretender Grund ist auch die Trennung der Eltern nach der Geburt des ersten Kindes.

Aber oft ist es eine ganz bewusste Entscheidung der Eltern: weil sie froh sind, endlich aus dem Gröbsten raus zu sein, das Windelzeitalter hinter sich zu haben. Weil sie keine Lust haben, nochmal mit dem ganzen Babybrei-Gemansche anzufangen. Weil die Mütter wieder in den Beruf einsteigen wollen. Weil sie es sich schlicht finanziell nicht leisten können – oder wollen. Oder weil die Eltern Angst haben, zwei Kindern nicht gerecht zu werden.

....

Sibylle, Mama von Greta (3)

Ich möchte nicht auf alles verzichten

>> *Ich kann mir nicht vorstellen, wie ich es mit zwei Kindern schaffen soll, wenn ich schon nicht bereit war, für das erste Kind alles aufzugeben. Ich habe für Greta auf Freunde und Hobbys verzichtet, aber nicht auf meinen Job und auch auf nicht mein Leben in der Großstadt. Denn daran hänge ich wirklich. Könnte ich mit zwei Kindern noch Vollzeit arbeiten? Und könnte ich weiterhin in dieser Stadt mit den teuren Mieten wohnen? Sollte man mit zwei Kindern nicht ein Haus mit Garten haben?* <<

....

Geschwister sind klasse – nicht immer, aber meistens

»Typisch Einzelkind« – das Klischee der verwöhnten Prinzessin hält sich hartnäckig. Bei Geschwistern wird die Aufmerksamkeit der Eltern geteilt. Es kann auch ein Vorteil sein, nicht permanent im Fokus der Eltern zu stehen. Auf Einzelkinder projizieren Eltern häufig ihre Träume und Hoffnungen – und auch alle Erwartungen. Da kann es guttun, wenn diese Erwartungen auf mehrere Schultern verteilt werden, die Last somit gemildert wird. Geschwister müssen früh lernen, was Teilen bedeutet, wie es ist, nicht immer im Mittelpunkt zu stehen und auch mal nachgeben zu müssen. Nicht zuletzt deshalb wünschen sich Eltern, dass sich ihre Kinder verstehen, gemeinsam durch dick und dünn gehen und voneinander lernen. Denn die Familie ist eine Art Training für das weitere Leben. Mit unseren Geschwistern üben wir uns in Sachen Streit und Konflikt, aber sie beeinflussen auch, wie wir Freundschaften knüpfen und im späteren Leben mit Eifersucht und Neid umgehen.

Heike, Mama von Paul (7) und Anton (3)

Trotzdem hätte ich gern Geschwister gehabt

>> *Als Kind habe ich das Einzelkinddasein nicht so negativ aufgefasst, auch wenn ich mir vor allem im Urlaub häufig jemanden zum Spielen gewünscht habe. Wie oft habe ich andere Kinder am Strand für ihre Brüder oder Schwestern beneidet, wenn ich alleine vor mich hinbuddeln musste. Aber eigentlich war ich mit dem Leben als Einzelkind ganz zufrieden. Bis ich älter wurde und*

mir immer öfter jemanden wünschte, der auch mal auf meiner Seite steht. Auf Dauer wurde es anstrengend, immer die volle Aufmerksamkeit zu haben. <

Geschwister müssen in den ersten Jahren täglich mit jemandem klarkommen, den sie sich nicht ausgesucht haben. So lernen sie, dass man sich mögen und akzeptieren kann, auch wenn sich Meinung und Charakter unterscheiden. Eine Geschwisterbeziehung ist in der Regel die längste Beziehung, die man im Leben hat. Freunde kann man auswählen, die Familie nicht. Man wird hineingeboren in diese Beziehungen. Brüder und Schwestern müssen sich arrangieren, denn sie können sich nicht aus dem Weg gehen, zumindest in den ersten Jahren. Die Familie hat gerade in den ersten zehn prägenden Jahren den größten Einfluss auf die Entwicklung der Kinder, erst dann nehmen Freunde, Schule oder Sportvereine mehr und mehr Einfluss.

Malte, Papa von Marlene (9) und Nina (6)

Mit Geschwistern ist man nicht alleine

>> *Ich wollte immer zwei Kinder haben, denn Geschwister zu haben, bedeutet, dass da immer jemand ist und zu dir hält – auch wenn die Eltern einmal nicht mehr da sind. Es tut einfach gut*

zu wissen, dass man nicht alleine ist, dass es jemanden gibt, mit dem man so viele gemeinsame Erinnerungen teilt. Das hilft im Leben. Und genau das Gefühl wollte ich unserer älteren Tochter nicht vorenthalten. ◀

....

Mehr Arbeit – aber auch mehr Glück

Tatsache ist: Es wird chaotischer werden mit zwei Kindern. Sie werden weniger Zeit für sich selbst haben. Es wird Eifersucht geben und auch das Ordnunghalten im Haushalt wird schwieriger. Aber dafür wird Leben in der Bude sein. Es wird viele anstrengende Momente geben – aber so viel mehr Momente, in denen Sie vor Glück platzen möchten. Zwei Kinder bedeuten nicht zwangsläufig doppelt so viel Arbeit, aber noch mehr Elternglück. Denn die Zweifel, ob Sie das zweite Kind genauso lieben können wie das erste, sind unbegründet: Die Liebe für den Nachwuchs wird nicht einfach geteilt, nein, sie wird größer. Der Platz in unserem Herzen ist nämlich unbegrenzt.

Das Familienleben ordnet sich neu

Auch wenn es zwei bis drei Jahre dauert, bis sich das Familiengefüge neu geordnet hat und sich alle an ihre neue Rolle gewöhnt haben: Man wächst mit seinen Aufgaben, die Kinder genauso wie die Eltern. Die meisten Eltern sagen, dass die Umstellung von einem auf zwei Kinder deutlich geringer sei als von keinem auf ein Kind. Denn bei allen Veränderungen und aller Mehrarbeit, die mit dem zweiten Kind hinzukommen, sollten Sie sich auch hin und wieder fragen: Was ist wirklich wichtig? Wer fragt in 30 Jahren noch nach dem geputzten Fußboden? Richtig: Niemand. Dafür werden sich meine Kinder aber sicher gern an das Kuscheln, Vorlesen und Plätzchen backen erinnern. Diesen Gedanken musste aber auch ich erst erlernen.

Für Kinder ist es eine Bereicherung, mit einem Geschwisterchen aufzuwachsen. Zwei Brüder, die Hand in Hand durch die Stadt laufen, oder der große Bruder, der die kleine Schwester liebevoll in den Arm nimmt: Solche Bilder kommen nicht von ungefähr. Aber Sie sollten sich auch bewusst sein: Von einer Minute zur anderen können diese zwei Kuschelkinder zu Streithähnen mutieren, weil Kinder grundsätzlich immer genau das Spielzeug genau dann brauchen, wenn es der andere gerade hat. Es ist nicht immer eitel Sonnenschein mit zwei Kindern, Geschwisterstreit kann einen wahnsinnig machen. Ziemlich bald wird der Tag kommen, an dem Sie sich fragen, wieso es Ihnen mit nur einem Kind alles so stressig vorkam. Gleichzeitig wird Ihnen das Haus, wenn nur ein Kind da ist, so unglaublich ruhig vorkommen. Denn der Trubel, den zwei Kinder mit sich bringen, ist – bei aller Anstrengung – einfach etwas Wunderbares.

Ich bekomme bald eine Schwester. Wenn die auf die Welt kommt, dann bekomme Ich eine neue Babypuppe. Dann kann Ich mit dem Puppen-wagen neben Mama und dem Kinderwagen spazieren gehen. Ich freu mich schon. Mama hat gezagt, dann darf ich meine Schwester auch mal wickeln!

Mia, 6

Alles eine Frage des Timings

Gibt es ihn, den perfekten Altersabstand? Die häufigste Antwort von erfahrenen Eltern lautet: Nein, den gibt es nicht. Alle haben ihre Vor- und Nachteile.

Jedes Elternpaar muss sich für den Altersabstand entscheiden, der zu ihnen, der Familie und den Umständen passt. Bedenken Sie bei Ihren Überlegungen aber, dass sich das zweite Kind nicht immer exakt timen und planen lässt und dass kein Kind mit dem anderen vergleichbar ist. Jemand, der zwei absolut pflegeleichte Kinder hat, wird rückblickend wahrscheinlich einen anderen Altersabstand empfehlen als einer, der ein Kind mit einer ausgeprägten Trotzphase hat und diese sicherheitshalber erst einmal zu Ende abwarten möchte, bevor das Geschwisterchen einzieht.

Entwicklungspsychologen nennen einen Altersabstand von drei Jahren zwischen den Geschwistern ideal. Das entspricht auch dem Durchschnittswert in Deutschland: 3,3 Jahre liegen durchschnittlich zwischen den Geburten von Geschwistern.

Eine Schwangerschaft zehrt an den Reserven

Zumindest die untere Grenze des Altersabstandes ist nicht umstritten: Der Abstand zwischen den Geschwistern sollte nicht zu eng sein. Hebammen empfehlen, mindestens ein halbes Jahr, besser noch neun Monate zu warten, bis man nach einer Geburt versucht, erneut schwanger zu werden. Vergessen Sie nicht: Eine Schwangerschaft ist eine enorme Belastung für den Körper. Eine Geburt auch. Das Stillen ebenso – von den ersten Monaten mit wenig Schlaf mal ganz zu schweigen. Erst nach einem halben Jahr festigt sich das Bindegewebe wieder, ist die Hormonumstellung abgeschlossen.

nach der letzten Schwangerschaft gezeugt wurden, ein um 40 Prozent erhöhtes Risiko für eine Frühgeburt oder Untergewicht haben.

Und schnell wieder schwanger: sehr kurzer Abstand

Doch nicht alles lässt sich planen und schon gar nicht das Schwangerwerden. Manchmal lassen die äußeren Umstände auch gar keine Wahl, zum Beispiel, wenn Sie erst mit Ende 30 das erste Kind bekommen haben und gerne noch ein zweites möchten. Oder wenn es beim ersten Mal schon sehr lange gedauert hat oder nur mit Hilfe künstlicher Befruchtung geklappt hat. Dann empfiehlt es sich allein schon wegen der geringer werdenden Fruchtbarkeit, nicht allzu lange mit der zweiten Schwangerschaft zu warten. Der »perfekte Altersabstand« von drei Jahren ist dann möglicherweise zu lang, denn mit steigendem Alter sinkt die Fruchtbarkeit. Die biologische Uhr tickt unaufhaltsam, ob wir es wollen oder nicht.

Eine alte Hebammenweisheit lautet: Der Körper braucht nach einer Schwangerschaft ebenso lange, um wieder in den »Vorher-Zustand« zu kommen, wie eine Schwangerschaft dauert.

Frauenärzte raten gar zu einer Pause von einem Jahr, damit sich der Körper regenerieren und seine Nährstoffvorräte, die in der Schwangerschaft und Stillzeit stark beansprucht werden, wieder auffüllen kann.

Auch für das zweite Kind scheint eine längere Pause besser zu sein. Amerikanische Studien haben herausgefunden, dass eine Pause von 18 bis 23 Monaten für den Körper ideal ist, da es mit diesem Abstand die wenigsten Komplikationen bei der zweiten Schwangerschaft gibt. Eine andere medizinische Studie belegte, dass Babys, die weniger als sechs Monate

Ein kurzer Abstand fordert dem Körper viel ab

Kündigt sich schon bald nach der ersten Geburt das zweite Kind an, sollten Sie erst recht auf eine gesunde, nährstoffreiche Ernährung achten – und auch auf genügend Schlaf. Was allerdings leichter gesagt als getan ist, wenn da schon ein kleines Kind wartet, was die gesamte Aufmerksamkeit einfordert und oft getragen werden will. Scheuen Sie sich nicht davor, Hilfe zu holen und auch einzufordern, den Papa oder die Großeltern mehr einzuspannen und das erste Kind jetzt schon an einen Babysitter zu gewöhnen. Das ist auch eine gute Vorbereitung für die erste Zeit mit zwei Kindern, denn dann werden Sie auf Unterstützung angewiesen sein. Weiß das erste Kind, dass es auch mit dem Papa viel Spaß bei einem Waldspaziergang haben kann, während Mama Mittagsschlaf hält, ist die Umstellung auf das Familienleben zu viert nicht mehr ganz so groß.

....

Maren, Mama von Amelie (5) und Jonathan (4)

Die biologische Uhr tickt

>> *Eigentlich hätte ich gerne eine längere Pause zwischen den beiden Kindern gehabt, um mich zu regenerieren und meinem Körper mehr Zeit zu geben. Aber da ich bei der Geburt meiner Tochter schon 40 war, haben mein Mann und ich uns entschlossen, es schon ein halbes Jahr, nachdem ich abgestillt hatte, wieder zu versuchen. Wer weiß, wie viel Zeit uns noch blieb, ein zweites Kind zu zeugen? Schon unsere Tochter hatte ein Jahr auf sich warten lassen. Bei dem Sohn klappte es dann schneller, die beiden sind 17 Monate auseinander. Das ist ein kurzer Abstand und das erste Jahr war wirklich hart – aber wer weiß, ob wir bei einem größeren Altersabstand überhaupt ein zweites Kind bekommen hätten?* <<

....

Mehr Routine

Die zweite Schwangerschaft wird – auch wenn der Altersabstand etwas größer ist – nicht mehr so sein wie die erste. Vieles wird nebenherlaufen, die Arzttermine mit mehr Routine einhergehen. Man schafft es einfach nicht, sich so auf den Bauch und das Baby zu konzentrieren wie bei der ersten Schwangerschaft.

Ich merkte irgendwann nach einer Vorsorgeuntersuchung, dass mein Mann abends gar nicht mehr nach den Ultraschallfotos fragte – die wir bei der ersten Schwangerschaft noch sorgfältig aufbewahrten und allen zeigten, die sie sehen oder auch nicht sehen wollten. Ab dem Zeitpunkt versuchte ich, mir so oft wie möglich die Zeit zu nehmen, einmal nur an das Baby im Bauch zu denken, die Hand auf den Bauch zu legen, das Strampeln zu fühlen und die Welt um uns herum für einen Augenblick auszublenden. Mir half dabei ein Schwangerschaftsyogakurs, in dem ich eine Stunde in der

Woche nur für mich und das Baby im Bauch da war.

Viel mehr Arbeit

Folgen Geschwister in kurzem Abstand aufeinander, bedeutet das: zwei Wickelkinder und zwei Kinder, die nicht durchschlafen. Was im Klartext heißt: Irgendeiner stinkt immer und der Windeleimer quillt ständig über. Zwei Kinder, die getragen werden müssen. Zwei Kinder, die nicht sprechen können. Da sich kleine Kinder und Babys manchmal auf eine nicht nachvollziehbare Art und Weise abzusprechen scheinen, kommt es häufiger vor als gedacht, dass sie sich mit dem nächtlichen Aufwachen abwechseln, sodass Sie gefühlt keine Minute Schlaf finden. Das schlaucht. Das ist anstrengend. Und manchmal überkommt Sie vielleicht das Gefühl, die Babyzeit der beiden Kinder nicht so auskosten zu können, wie Sie es gerne täten.

Trotzphase im Doppelpack

Kommt zu dem ganzen Stress noch die Trotzphase, die schon mit anderthalb beginnen kann und ihren Höhepunkt oft zwischen dem zweiten und dritten Geburtstag hat, macht es das Familienleben nicht unbedingt einfacher. Gerade um den zweiten Geburtstag herum beginnen Kinder, selbständig zu werden – aber können noch längst nicht alles, was sie wollen. Keine einfache Phase, in der Ihr Kind oft hin- und hergerissen ist, immer wieder an die eigenen Grenzen stößt und dann frustriert ist. Diesen Frust kann es noch nicht kanalisieren und lädt ihn in einem Wutanfall ab. Die eigenen Wünsche hintanzustellen muss gelernt werden. Ein Kind unter zwei hat dazu noch eine sehr enge Bindung an die Mutter.

Claudia, Mama von Henri (8) und Bosse (7)

Die erste Zeit war echt anstrengend

>> *Ich hatte unterschätzt, wie anstrengend es sein würde, mit zwei Kindern unter drei Jahren zuhause zu sein. Der Große war 17 Monate alt, als sein kleiner Bruder auf die Welt kam. Er schlief auf einmal nicht mehr durch, wollte ständig auf dem Schoß sitzen, ließ sich nicht mehr bei Oma vorbeibringen und dann fing auch noch die Trotzphase an. Er hatte ständig Wutanfälle, brüllte und warf alles um sich. Die ersten zwei Jahre waren schrecklich. Ich habe das Gefühl, zwei Jahre lang nicht mehr als zwei Stunden am Stück geschlafen zu haben und nie auch nur eine Minute für mich gehabt zu haben. Rückblickend würde ich den Altersabstand eher etwas größer wählen. Aber heute sind die beiden Brüder ein Herz und eine Seele, auch wenn sie ständig dabei sind, sich übertrumpfen zu wollen.* <<

Die Trotzphase – korrekterweise auch Autonomiephase genannt – ist schon mit einem Kind eine schwierige Phase, die an den Nerven zerrt. Kommt dazu noch ein kleines Baby, das den Tagesablauf durcheinanderbringt und die volle Aufmerksamkeit der Mutter fordert, können Situationen entstehen, die einen schier in den Wahnsinn treiben. Man müsste als Mutter generell mindestens fünf Arme haben und mit zwei Kindern unter zwei wünscht man sich das erst recht. Aber jedes Kind ist verschieden und die Trotzphase ist bei jedem unterschiedlich stark ausgeprägt. Bei einem geringen Altersabstand kann es auch gut sein, dass beide Kinder parallel mitten in der Autonomiephase stecken.

....

Daniela, Mama von Lucas (2) und Jonas (9 Monate)

Ich kann nicht mehr!

»» *Ständig diese Wutanfälle, dieses Sich-auf-den-Boden-Werfen, das »Nein!«-Gebrülle. Diese Anfälle kommen immer genau dann, wenn das Baby weint, Hunger hat oder die Windel übergelaufen ist. Ich weiß dann gar nicht, um wen ich mich zuerst kümmern soll. So hin und her gerissen habe ich mich noch nie gefühlt. Es tut weh, beide so aufgelöst zu sehen – aber ich kann mich nun mal nicht zweiteilen.* ««

....

Wann in den Kindergarten?

Es erleichtert die Umstellung, wenn Sie das ältere Kind schon während der Schwangerschaft in der Krippe oder bei Tageseltern eingewöhnen. Dann hat es zum Zeitpunkt der Geburt des neuen Familienmitglieds diesen Ablöseprozess bereits hinter sich und einen großen Schritt Richtung Selbständigkeit gemacht. Als Mutter haben Sie so an den Vormittagen Exklusivzeit mit dem Baby gewonnen, was das Gefühl mildert, die zweite Babyzeit nicht richtig genießen zu können.

Der falscheste Zeitpunkt für den Krippenstart ist kurz nach der Geburt des zweiten Kindes: Dann besteht die Gefahr, dass sich das große Kind abgeschoben fühlt, so als ob es nun Platz machen müsste für das Baby.

Das gilt übrigens auch für das Umquartieren zum Schlafen ins Kinderzimmer: Entweder sollten Sie das schon vor der Geburt erledigen oder noch eine Weile nach der Geburt im Familienbett schlafen, um die Eifersucht nicht noch zusätzlich zu schüren.

Kleine Kinder und Eifersucht

Entwicklungspsychologisch ist das zweite Lebensjahr die Zeit, in der Kleinkinder lernen, sich von der Mutter zu lösen. Sie wollen die Welt eigenständig entdecken, bis sie urplötzlich das Schutzbedürfnis überkommt und sie bei der Mutter Zuflucht suchen. Mit dem Lösen

Können wir meinen
kleinen Bruder nicht mit
einem Schild vor die Tür
stellen?

zu
verschenk-
en

unsere Bücher hat doch
auch jemand mitgenommen.
von Lisa, 4

kommt auch gleichzeitig die Erkenntnis: Ich kann weggehen – also kann auch Mama weggehen. Erst mit drei Jahren sind Kinder in der Regel so weit, dass sie sich emotional von der Mutter lösen und die ersten selbständigen Schritte machen. Dann fällt es auch leichter, mit einem »Rivalen« klarzukommen – und vor allem, die eigenen Gefühle auszudrücken. Bei kleineren Kindern muss man schon genau hinschauen, um die Eifersucht zu bemerken, manchmal ist sie nur für einen Bruchteil einer Sekunde auf dem Gesicht des Kindes zu sehen.

....

Hannah, Mama von Merle (7), Jasper (6) und Lina (5)

Unsere Kinder stehen sich sehr nahe

❯❯ *Ich habe drei Kinder und alle sind etwa anderthalb Jahre auseinander – dafür haben wir uns bewusst entschieden. Als sie Babys waren, ging es tatsächlich sehr an die Substanz. Aber sie fingen schon sehr früh an, miteinander zu spielen, und machen das bis heute. Schon als Babys und Kleinkinder haben sie viel miteinander gekuschelt und sind sich heute immer noch sehr nah.* ❮❮

....

Vorteile eines kleinen Abstands

Trotz all der Schwierigkeiten und Probleme: Ein kleiner Altersabstand hat auch seine guten Seiten. Man ist noch in der Übung. Windelwechseln kann man auch nachts um drei mit halbgeschlossenen Augen und im Dämmerlicht. Die letzten Babybreigläschen hat man noch im Vorratsschrank und der Kinderwagen steht noch nicht eingemottet im Keller. Man ist noch nicht bequem geworden und hat nicht das Gefühl, »noch einmal von vorn anzufangen« – denn es ist schon komfortabel, wenn man sich einmal an das Durchschlafen, Trockensein und Alleinessen gewöhnt hat.

Das kann beruflich gesehen ein Vorteil für die Mutter sein: Sie haben zwar kurz hintereinander eine Lücke – aber dafür ist die Pause dann auch abgeschlossen (es sei denn, Sie wollen noch ein drittes Kind – und ja, das kann durchaus passieren, wenn man auf den Geschmack gekommen ist!).

....

Antje, Mama von Sofia (4) und Paul (3)

Lange Kinderpause und dann voll durchstarten

❯❯ *Ich wollte immer Kinder mit einem möglichst kurzen Altersabstand, sodass ich nach der Elternzeit der Großen gar nicht wieder in den Beruf einsteigen musste. So hatte ich eine lange Kinderpause, konnte mich dann aber, als der Kleine zwei Jahre alt war, wieder voll auf die Arbeit konzentrieren. Mein Chef wusste, dass ich nach der langen Pause wieder voll da war und die Familien-*

planung damit abgeschlossen war. Und ich freute mich nach der Elternzeit darauf, wieder etwas anderes als die Mama-Welt zu sehen. ◄▸

....

Ist der Altersabstand zwischen den Geschwistern klein, hat das den großen Vorteil, dass sie über eine lange Zeit viel miteinander anfangen können, weil ihre Interessen nicht so weit auseinanderklaffen. Oft sieht man, wie die Jüngeren den Älteren nacheifern und wie sie sich von ihnen viele Dinge abschauen. Diese Geschwister werden sich sehr nahestehen – aber auch eine größere Rivalität ent-

wickeln, gerade, wenn sie dasselbe Geschlecht haben. Je geringer der Altersabstand zwischen den Geschwistern, desto enger ist meist auch die Beziehung zwischen ihnen, was sich später auch in gemeinsamen Freunden und Interessen ausdrücken kann.

Der Klassiker: zwei bis drei Jahre Abstand

Als ich mit meinem Kleinen schwanger war, waren gefühlt alle Mütter im Bekanntenkreis ebenfalls ein zweites Mal schwanger. Kein Wunder: Meine Kinder sind zwei Jahre und acht Monate ausein-

ander, also etwa der Klassiker unter den Altersabständen bei Geschwistern. Fragt man Eltern, antworten die meisten, dass sie sich eben jenen Altersabstand zwischen zweieinhalb und dreieinhalb Jahren für ihre Kinder wünschen. Nicht ohne Grund ist das der Altersabstand, den Pädagogen und Psychologen empfehlen. Ganz nebenbei ist das übrigens auch der Altersabstand, der am scheidungsresistentesten zu sein scheint, wie diverse Studien belegen. Die beste Konstellation in Sachen Scheidungsresistenz ist übrigens ein Junge als Erstgeborener und ein Mädchen, das zwei bis vier Jahre später als sein Bruder auf die Welt kommt. Wie dem auch sei, man kann sich den Abstand nicht immer aussuchen.

Viele Gründe sprechen für den klassischen Abstand von zweieinhalb bis drei Jahren, vor allem die vorangeschrittene Entwicklung des großen Kindes. Denn ab dem dritten Lebensjahr beginnen sich Kinder mehr und mehr von der Mutter zu lösen, der Vater und auch andere Bezugspersonen bekommen eine wichtigere Rolle im Leben des Kindes. Das macht das Kind selbstbewusster, unabhängiger von der Mutter und weniger anhänglich – einen »Konkurrenten« zu akzeptieren wird so leichter fallen.

Die Babyzeit des ersten Kindes liegt aber auch noch nicht so weit zurück, dass man zu bequem geworden ist und das Gefühl hat, »alles noch einmal von vorn machen zu müssen«. Die Routine beim Windel-

wechseln ist da, ebenso die Erinnerungen an all die Handgriffe beim Stramperanziehen und Babybauchmassieren. Auch wenn Sie das Gefühl haben, die Babyzeit sei so schnell vergangen: Alles Wichtige wird Ihnen sofort wieder einfallen, wenn Sie das neugeborene Baby im Arm halten. Das ist wie Fahrradfahren: Man verlernt es nicht.

Erste Schritte in die Selbständigkeit

Im dritten Lebensjahr werden Kinder selbständiger, was den Eltern das Leben sehr erleichtert. Sie lernen, sich alleine aus- und wieder anzuziehen – zumindest teilweise. Das Ausziehen klappt übrigens in diesem Alter meistens besser als das Anziehen.

Die meisten Kinder werden zum Ende des dritten Lebensjahres trocken, zumindest tagsüber, was für die Eltern nur noch ein Wickelkind bedeutet und deutlich weniger volle Windeleimer.

Die größere Selbständigkeit der Kinder schafft Eltern größere Freiräume für das zweite Kind. Spätestens, wenn Sie am Morgen zwei Kinder gleichzeitig anziehen sollen, werden Sie dankbar sein, wenn das ältere Kind sich alleine fertigmachen kann.

Janina, Mama von Johanna (9) und Mattis (6)

Trocken heißt nicht stressfrei

❯❯ *Ich hatte mir immer geschworen: Bloß nie zwei Wickelkinder gleichzeitig! Deutlich stand mir das Bild eines immer vollen, überquellenden Mülleimers vor Augen. Das ist ja schon bei einem Kind ein Desaster. Tatsächlich war die Große kurz vor der Geburt des Geschwisterchens endlich tagsüber trocken. Ich dachte ja, es sei praktischer so – aber wer das denkt, der muss mal mit einer fast Dreijährigen und einem Baby auf dem Arm in der Stadt eine öffentliche Toilette aufsuchen! Ich bin jedes Mal mit den Nerven fertig und ganz ehrlich: Manchmal wünsche ich mir da die Windeln zurück … Sie haben halt doch hin und wieder auch Vorteile. Aus heutiger Sicht würde ich das Thema Trockenwerden etwas weniger verkrampft angehen und mir damit einigen Stress ersparen. Ich gebe zu: Wir haben das Thema kurz vor der Geburt ein bisschen zu sehr verfolgt und stark drauf gedrängt. Ein bisschen mehr Lockerheit hätte uns allen und dem Familienfrieden gut getan.* ❮❮

Nicht zu unterschätzen ist auch die Tatsache, dass Kinder über zwei Jahren schon alleine laufen können und das auch über immer größere Strecken – natürlich variiert das je nach Lust, Laune und Müdigkeit. Aber das Können ist da und das ist viel wert. Schon in der Schwangerschaft ist es eine große Erleichterung, wenn Sie Ihr Kind nicht mehr jede Treppenstufe hochheben müssen und es auch alleine auf seinen Kinderhochstuhl klettern kann.

Nadja, Mama von Linus (4) und Lara (2)

Zum Glück läuft er endlich

❯❯ *Unser Großer war mit dem Laufenlernen unglaublich spät dran. Erst mit 18 Monaten machte er seinen ersten Schritt und den auch nur ganz wackelig. Als ich kurze Zeit später mit unserer Tochter schwanger war, klappte das Laufen zumindest so gut, dass Linus im Haus nicht mehr getragen werden musste. Aber längere Strecken konnte oder wollte er einfach nicht laufen. Mir graute schon davor, ihn auch noch hochschwanger und mit dickem Bauch Treppen hochzutragen. Aber als ich im siebten Monat war und es langsam anfing, beschwerlich zu werden, machte Linus einen enormen*

Sprung, lief immer längere Strecken selbst und auch das Treppensteigen klappte immer besser. Mein Tipp an alle, deren Kinder auch lauffaul sind: Bloß nicht mit Druck und Schimpfen kommen, dann sind sie nämlich bockig. Wenn ich es einfach ignorierte und nicht groß drauf einging, klappte das Laufen bei Linus am besten. ◀

Neben der körperlichen Entlastung hat ein Altersunterschied von zwei bis drei Jahren aber auch finanzielle Vorteile: Ab einem Alter von etwa drei Jahren sind die meisten Kinder dem Buggy entwachsen und Sie müssen sich keinen teuren Geschwisterwagen anschaffen. Für Lauffaule tut ein Rollbrett (Buggyboard), das Sie an den Kinderwagen klemmen können, gute Dienste. Auch in Sachen Autositz hat der Altersabstand einen Vorteil, denn das jüngere Kind kann immer dann den Sitz des Großen (sofern er unfallfrei war) übernehmen, wenn dieser daraus entwachsen ist. Ist der Altersabstand geringer, müssen Sie oft dieselben Sitzmodelle anschaffen, was natürlich ins Geld gehen kann.

Im dritten Lebensjahr schreitet die Entwicklung unserer kleinen Großen rasant voran. Die Kinder lernen in diesem Lebensjahr, sich immer länger selbst zu beschäftigen. Sie müssen Ihrem Kind auf dem Spielplatz nicht mehr auf Schritt und Tritt folgen und Hilfestellungen geben, weil es die große Rutsche nun auch alleine hoch- und runterkommt. Das entlastet ungemein, wenn Sie gerade Ihr Baby stillen müssen.

Die Kinder lernen ab dem zweiten Geburtstag immer mehr, im Haushalt mitzuhelfen, übernehmen erste kleine Aufgaben wie das Tischdecken voller Stolz und können tatsächlich eine Erleichterung sein (wenn man seine eigenen Perfektionsansprüche ein wenig herunterschraubt).

Ab dem zweiten Geburtstag können viele Kinder schon einigermaßen sprechen, das Sprachvermögen und Verständnis explodiert im dritten Lebensjahr geradezu. Das eigene Kind besser zu verstehen, erleichtert den gesamten Alltag sehr. Die Kinder können nun ihre Bedürfnisse ausdrücken, und wir Eltern müssen nicht mehr bei jedem Schrei raten, was den Sprössling bedrückt. Mit dem besseren Sprachvermögen wächst auch das Verständnis beim Kind, das übrigens auch schon, bevor die Kinder überhaupt einen Satz sprechen können.

Die Trotzphase neigt sich dem Ende zu

Bei einigen Kindern neigt sich die Trotzphase um den dritten Geburtstag herum schon dem Ende zu, andere können in dieser Zeit noch mittendrin sein und sich täglich in Wutanfällen auf den Boden werfen. Aber Sie sind zu diesem Zeitpunkt schon erprobter im Umgang mit dieser schwierigen Entwicklungsphase Ihres Kindes, handeln routinierter und können die Wutanfälle besser einordnen. Was jedoch nicht heißt, dass sie dadurch weniger an den Nerven zerren … Vor allem dann, wenn Sie parallel noch ein schreiendes Baby auf dem Arm haben, was sich nur unter Protest ablegen lässt. Versuchen Sie, gelassen zu bleiben, auch wenn das leichter gesagt als getan ist – das schont die Nerven.

....

Petra, Mama von Max (10) und Leon (8)

Immer diese Wutanfälle!

>> *Meine Kinder sind zwei Jahre und neun Monate auseinander und ich würde aus heutiger Sicht eher einen etwas größeren Altersabstand wählen, denn der Große war gerade auf dem Höhepunkt der Trotzphase, als sein kleiner Bruder kam. Das hat mich viele Nerven gekostet und die erste Zeit nicht gerade einfacher gemacht. Ständig dieses Rumgeschreie aus heiterem Himmel und die Wutanfälle mitten im Supermarkt. Als ob sie sich abgesprochen hätten, wurde dann auch der Kleine wach und fing an zu schreien. Das war keine einfache Zeit. Aber im Nachhinein vergisst man die Anstrengung schnell und es erscheint einem alles nur noch halb so schlimm. Was mir das Ganze erleichtert hat, war Humor.* <<

....

Der Kindergarten schenkt Exklusivzeit

Mit drei Jahren sind die meisten Kinder bereits im Kindergarten eingewöhnt und haben so die ersten Abnabelungsschritte gemacht. Das bedeutet für Sie, dass Sie vormittags ungestörte Zeit mit dem Baby verbringen, leichter Babykurse besuchen und sich ein wenig entspannen können. Halten Sie, wenn das Baby schläft, auch wirklich mal – wie in vielen Ratgebern empfohlen – selbst ein Nickerchen. Das wirkt Wunder und füllt die Energiereserven auf, die Sie als Mutter von zwei kleinen Kindern dringend benötigen.

Zusammen spielen statt alleine

Ein Altersabstand zwischen zwei und drei Jahren hat den großen Vorteil, dass die Kinder später viel miteinander spielen. Die Interessen klaffen nicht so weit auseinander wie bei einem wesentlich größeren Altersabstand. Am Anfang können sie vielleicht noch nicht so viel miteinander anfangen – wobei viele Eltern berichten, dass gerade Mädchen gerne eine kümmernde Rolle einnehmen. Sobald das jüngere Kind sprechen und laufen kann, wird es aber mehr und mehr als vollwertiger Spielkamerad anerkannt. Bis in die Pubertät hinein liegen die Interessen der Kinder dicht genug beieinander, um sich gut miteinander beschäftigen und auseinandersetzen zu können.

Geschwister lernen viel voneinander und schauen sich gerade in Sachen Motorik, Sprache und Spielverhalten sehr viel voneinander ab. Der Ehrgeiz, dasselbe zu schaffen wie das große Geschwisterkind, tut sein Übriges. Kinder lernen von anderen Kindern mehr und anders, als wenn ihnen Erwachsene etwas vormachen. Kinder, die in den ersten fünf Lebensjahren nur in Kleinfamilien aufwachsen, sind Studien zufolge nicht so weit entwickelt wie Kinder, die mit Geschwistern aufwachsen – besonders in sprachlicher und sozialer Hinsicht. Erwachsene sind für Kinder zwar Vorbilder, aber das Verinnerlichen bestimmter Fähigkeiten lernen Kinder besser von anderen Kindern.

Daniel, Papa von Justus (6) und Lukas (4)

Unser Kleiner ist sehr weit in der Entwicklung

>> *Wir haben bei unserem jüngeren Sohn schon sehr früh ein Spielverhalten festgestellt, das der ältere erst in einem höheren Alter hatte. So ahmte der Kleine den Großen schon früh beim Auto-vor-sich-Herschieben nach und wollte auf dem Spielplatz immer genau das machen, was auch der große Bruder mit seinen Freunden machte. Dadurch, dass der Kleine schon weit war für sein Alter, wurde er vom Großen auch schon mit etwa eineinhalb in die Spiele einbezogen.* ◀

Teilen lernen in der Familie

Durch Geschwister lernen Kinder gezwungenermaßen das Teilen – was Kindern im Alter von zwei bis drei Jahren naturgemäß besonders schwerfällt, da sie in diesem Alter den Begriff »Meins« lernen und dies auch bis zur Erschöpfung betonen können. Den Aufschrei »Ich hatte das aber zuerst« und »Das ist meins« kennen Eltern mit zweijährigen Kindern zu genüge. Der Eimer auf dem Spielplatz wird nicht geteilt, die Autos gehören einem sowieso alle und die Schaukel will man auch nicht für das nächste Kind frei machen. Diese »Meins-Phase« macht das Leben mit einem Geschwisterchen nicht unbedingt einfacher – Kinder können sich mit einer unglaublichen

Ausdauer und Vehemenz um einen Mini-laster streiten. Dafür erwerben sie schon früh soziale Fähigkeiten und erkennen die Notwendigkeit des Teilens. Das Teilen fällt dadurch nicht unbedingt leichter, aber es wird einfacher, das Teilen zu akzeptieren, je öfter geteilt werden muss.

Vorbereitung auf das spätere Leben

Psychologische Studien haben gezeigt, dass Kinder, die sich mit ihren Geschwistern gut auf das Teilen verständigen können und Konflikte mit Geschwistern gut lösen, im späteren Leben auch bessere soziale Kompetenzen aufweisen. Der Psychologe Daniel Shaw von der University of Pittsburgh zeigte Geschwisterpaaren im Kindergartenalter drei Spielzeuge, von denen sie nur eines benutzen durften. Sie konnten tauschen, aber unter der Voraussetzung, dass sie mit dem ersten Spielzeug nicht mehr weiterspielen wollten und dass sie sich einigten, welches der beiden anderen Spielzeuge es im Tausch sein sollte. Die Reaktionen der Geschwisterpaare waren äußerst unterschiedlich. Einige regelten die Sache mit ein paar knappen Worten, andere fingen an, sich zu prügeln. Einige Jahre später beobachtete Daniel Shaw dieselben Kinder in der Schule und stellte fest: Die Kinder, die sich besser und konfliktfreier mit ihren Geschwistern einigen konnten, waren auch in der Lage, Konflikte in der Schule leichter zu lösen. Ein gutes Konfliktverhalten, das in der frühen Kindheit beispielsweise im intensiven Umgang mit den Geschwistern erlernt wurde, prägt für das spätere Leben.

In einer anderen Studie in den USA werteten Forscher Tagesverlauf-Statistiken von 15 000 Kindern aus und fanden heraus, dass schon Einjährige mit ihren Geschwistern ebenso viel Interaktion haben wie mit ihren Müttern. In der Zeit zwischen drei und fünf Jahren verbringen Geschwister im Schnitt sogar mehr als doppelt so viel Zeit miteinander wie mit den Eltern.

....

Maria, Mama von Niklas (4) und Mona (2)

Sie spielen so schön miteinander

》 *Meine Tochter kam auf die Welt, als mein Sohn zwei Jahre und vier Monate alt war, und ich würde diesen Abstand immer wieder wählen. Natürlich war die erste Zeit anstrengend, aber die beiden haben schon sehr früh angefangen, miteinander zu spielen. Der Große war von Anfang an in seine kleine Schwester vernarrt und hat immer mit aufgepasst, dass sie auch richtig zugedeckt ist oder ihr Schnuffeltuch nicht runtergefallen war. Sie sind auch heute noch ein Herz und eine Seele und können stundenlang miteinander spielen. Das Einzige, was ich anders machen würde: Ich würde den Großen schon mit zwei, also vor der Geburt seiner Schwester, in den Kindergarten bringen und nicht erst nach dem dritten Geburtstag. Denn im Nachhinein fehlt mir diese Exklusivzeit mit dem Baby, die Kleine ist doch oft einfach nur so »mitgelaufen«. Das hätte ich gerne mehr ausgekostet.* ◄

Durchstarten im Beruf

Auch beruflich kann der klassische Altersabstand von zwei bis drei Jahren ein Vorteil für Mütter sein, jedenfalls, wenn sie zwischen den Geburten wieder in den Job einsteigen. Dann ist die Pause im Beruf ist nicht so lang, wie wenn man direkt nach der ersten Elternzeit gleich nachlegt.

Als Mutter bleiben Sie so am Ball, zeigen Präsenz, auch wenn es vielleicht nur für ein Jahr ist, bis der nächste Mutterschutz greift. Aber selbst bei diesem kurzem Intermezzo am Arbeitsplatz bleiben Sie fachlich auf dem Laufenden und halten den Kontakt zu den Kollegen, was beim Wiedereinstieg nach der zweiten Elternzeit ein großer Vorteil sein kann. Gerade bei Berufen, in denen man fachlich immer up to date sein muss, kann das helfen, den Anschluss nicht zu verlieren. Bei einem Ingenieurs- oder Informatikerberuf kann eine Pause von drei Jahren schon zu lang sein, um mit allen Neuerungen Schritt zu halten. Steigen Sie zwischen den beiden Kinderpausen wieder in den Beruf ein, erhöht das auch die Chance, nach der Babypause wieder den Wunscharbeitsplatz zu bekommen – denn nicht überall ist es garantiert, dass man nach der Elternzeit auch auf seinem bisherigen Posten weiterarbeiten kann.

Leonie, Mama von Robert (12) und Kaspar (10)

Ich wollte fachlich auf dem Laufenden bleiben

❱❱ *Ich bin Ingenieurin in einem Bereich, in dem sich ständig etwas tut, ständig etwas neu entwickelt. Um da auf dem Laufenden zu bleiben und nicht völlig aus der Materie zu geraten, bin ich nach der ersten Elternpause direkt nach einem Jahr wieder eingestiegen. Halbtags, aber das reichte, um fachlich drinzubleiben. Bevor das zweite Kind kam, konnte ich so ein Jahr lang mein Wissen auf den neuesten Stand bringen und dann entspannt in die zweite, wieder kurze Pause gehen. Deshalb habe ich mich mit Absicht für einen Abstand von zweieinhalb Jahren bei meinen Kindern entschieden – und ich würde es schon allein aus beruflichen Gründen immer wieder so machen.* ◄

ich bin froh,
dass mein großer
BRUDER bei mir im
Zimmer schläft, denn er
hilft mir nachts, die
gemeinen →
zu
vertreiben

LARA, 5

Mehr als vier Jahre Abstand – fast wie Einzelkinder?

Manchen macht die Natur einen Strich durch die Rechnung. Andere planen ganz bewusst einen größeren Altersabstand. Wieder andere wollten eigentlich nur ein Kind und bekommen dann doch noch Lust auf ein zweites: Gründe für einen größeren Altersabstand zwischen den Geschwistern gibt es viele.

Doch auch wenn man immer wieder hört, zwei Kinder mit einem großen Altersabstand seien fast wie zwei Einzelkinder, stimmt das natürlich nicht. Denn auch bei mehr als vier Jahren Abstand bedeutet ein Bruder oder eine Schwester, dass immer jemand da ist, mit dem man etwas teilen muss – die Aufmerksamkeit der Eltern, die Spielzeuge, vielleicht auch das Zimmer.

Bei einem großen Altersabstand liegen die Interessen der Kinder zwar meistens weiter auseinander als bei einem geringen Abstand, was aber nicht zwangsläufig bedeuten muss, dass die Beziehung weniger intensiv ist. Häufig berichten Eltern gerade bei eben jenen Geschwistern von einer besonders innigen Beziehung. Dies liegt vielleicht auch daran, dass die Rivalität unter diesen Geschwistern geringer ausgeprägt ist als bei einem kleinen Altersabstand.

Kein Kleinkind mehr

Mit vier Jahren sind die Kinder aus dem Gröbsten raus. Sie können sich alleine anziehen. Sie essen, ohne dass man hinterher zwangsläufig staubsaugen muss. Meistens jedenfalls. Ein vierjähriges Kind muss nicht mehr getragen werden, es muss nicht mehr im Buggy sitzen und braucht keine Windeln mehr. Nachts vielleicht noch, aber tagsüber klappt das schon ganz gut. Und es schläft endlich durch, vielleicht nicht immer im eigenen Bett, aber immerhin.

Vierjährige Kinder sind in der Regel aus der Trotzphase heraus, die Wutanfälle lassen nach und sind meist auch besser zu ertragen. Ihr Kind kann endlich sagen, was es möchte, und es versteht, was Sie von ihm wollen. Und immer häufiger macht es das dann auch.

Ihr kleiner Liebling kann sich immer länger selbst beschäftigen, er kann wunderbar konzentriert Bilder malen, mit Duplos bauen oder die Puppen an- und ausziehen. Er hat sogar gelernt zu warten, wenn Mama und Papa mal nicht gleich springen. Und auch das ständige Kranksein hat sich gelegt: Vorbei die Zeiten, wo jede, und zwar wirklich jede Erkältung aus dem Kindergarten angeschleppt wurde und natürlich auch gleich Mama und Papa lahmgelegt hat.

Endlich wieder Zeit für mich

Mit vier Jahren ist Ihr Kind kein Kleinkind mehr, was Sie nicht nur an der dreistelligen Kleidergröße merken, sondern auch daran, dass sich allmählich so etwas wie Vernunft herausgebildet hat. Alles in allem ist das Familienleben also gemütlicher geworden. Sie können nachmittags auch mal eine Zeitschrift aufschlagen, während Ihr kleiner Schatz malt, oder ihn abends beim Babysitter lassen und ein Candle-Light-Dinner zu zweit genießen. Bei vielen Paaren werden ab dieser Zeit auch die stress- und schlafmangelbedingte Streitereien weniger, weil alles viel entspannter ist.

Und nun beginnt das Alter, in dem Ihr Kind alleine zum Musikunterricht oder zum Turnen geht und alleine bei Freunden spielt. Überrascht werden Sie feststellen: »Hey, sie kommt ja wieder, die Zeit nur für mich!« Ja, das ist eine komfortable Situation, die Eltern schnell schätzen lernen.

Und jetzt noch ein zweites Kind? Und quasi alles von vorne beginnen? Noch einmal den ganzen Wickel-Rumschrei-Breimansch-Triathlon? Oder einfach die neu gewonnenen Freiheiten genießen? Das Leben zu dritt kann doch auch ganz schön sein. Ist das nicht irgendwie ein bisschen so etwas wie das Glück herauszufordern? Solche Gedanken sind nachvollziehbar. Es ist tatsächlich gar nicht so selten, dass sich Paare eigentlich zwei Kinder wünschten, aber dann feststellten, dass sie keinen Nerv haben, die Babyzeit noch einmal von vorne zu le-ben, und ihre bequeme Familiensituation nicht aufs Spiel setzen wollen.

....

Julia, Mama von Alex (4)

Zweites Kind – ja oder nein?

》》 *Ich habe selbst drei Geschwister und wollte eigentlich auch immer mindestens zwei Kinder. Nun ist unser Großer schon mehr als vier Jahre alt und bisher haben wir ein zweites Kind immer vor uns hergeschoben. Weil es grad nicht passte, weil ich im Beruf endlich wieder vorankam, weil wir noch mal einen großen Urlaub machen wollten, weil es alles grad gut war, so wie es war. Ich bin dieses Jahr 40 geworden, jetzt müssen wir uns wirklich entscheiden, ob wir noch ein zweites Kind wollen. Ich bin hin- und hergerissen. Denn es ist alles grad perfekt, so wie es ist. Aber gleichzeitig frage ich mich immer wieder, ob ich es nicht in zehn Jahren bereue, kein zweites Kind bekommen zu haben.* 《●

....

Erneute Pause im Beruf?

Natürlich bedeutet ein zweites Kind noch einen Break im Beruf. Wieder ein Jahr aussetzen, wieder die Zweifel, ob man nach der Elternzeit auch in den alten Job zurückkommt. Denn nicht jeder hat Glück mit seinem Arbeitgeber und kann nach einem Jahr Elternzeit nahtlos an die alten Aufgabenfelder anknüpfen. Aber andererseits hatten Sie nun länger Zeit, beruflich wieder Fuß zu fassen, sich fachlich auf den neuesten Stand zu bringen und dem Chef zu zeigen: Ich kann auch mit Kind etwas leisten. Also wieso nicht noch einmal eine Babypause einlegen, sie bewusst genießen und dann wieder genauso durchstarten wie vorher? Sie haben es schon einmal geschafft, dann wird es das zweite Mal auch klappen! Sie wissen ja, wie der Hase läuft.

....

Larissa, Mama von Luise (5)

Ich liebe meinen Beruf

》》 *Trotz Teilzeit konnte ich endlich wieder durchstarten. Mir hatten meine Kollegen gefehlt, die täglichen Aufgaben, sogar der Stress, wenn ein wichtiges Projekt fertig werden musste. Es tat einfach gut, nicht nur in dieser Ma-*

ma-Welt zu leben, sondern auch über andere Themen nachzudenken und zu sprechen als über Windelinhalte und Entwicklungsfortschritte des Babys. Und nun bin ich gerade wieder so gut angekommen, habe neue Aufgaben übernommen und so spannende Projekte vor mir, dass ich das nicht wieder aufgeben möchte. Wenn ich jetzt wieder ein Jahr Pause mache, dann habe ich Angst, dass jemand anders meine Projekte übernimmt und ich nach der Pause nicht mehr Fuß fassen kann. ◀

Verschiedene Interessen

Je größer der Altersabstand der Kinder ist, umso mehr leben sie auch in unterschiedlichen Welten, desto weniger gemeinsame Interessen haben sie. Das heißt, dass die Kinder weniger miteinander spielen werden als bei einem kleineren Altersabstand. Sie werden mit zunehmendem Alter ihre eigenen Freunde haben und ihre Welt außerhalb der Familie. Aber das muss nicht zwangsläufig so sein. Gerade dann, wenn sonst niemand zum Spielen da ist wie beispielsweise im Urlaub, entdecken auch große Geschwister, dass man mit dem »Baby« doch Spaß haben kann.

Viele Eltern erzählen, dass ältere Geschwister die Rolle »großer Bruder« oder »große Schwester« gerne übernehmen und sich liebevoll um ihre jüngeren Geschwister kümmern oder sich vor anderen für sie einsetzen. Durch die geringere Rivalität untereinander entwickeln Geschwister mit einem großen Altersabstand oft ein inniges Verhältnis zueinander.

Henrike, Mama von Clara (10) und Lars (6)

Sie spielen nicht miteinander

❯❯ *Unsere Tochter war viereinhalb als ihr kleiner Bruder auf die Welt kam. Sie war typisch Mädchen – irgendwie muss das Mamaspielen angeboren sein. Schon als ich schwanger war, hat sich Clara ein Kissen unter den Bauch geschoben und später ihre Puppen gestillt, gefüttert oder gewickelt. Sie war sofort vernarrt in Lars und liebte es, wenn ich ihr kleine Aufgaben gab, beispielsweise Strampler heraussuchen. Als die beiden älter waren, ließ das Kümmern leider nach, und als Lars zwei war und ihr ständig die Spielsachen wegnahm, fand Clara ihn nur noch nervig und nicht mehr niedlich. Sie nennt ihn immer »Baby« und das macht Lars wahnsinnig! Das mit dem Zusammenspielen klappt einfach nicht – die beiden sind doch zu unterschiedlich.* ◀

Fast wie ein Einzelkind?

Manche Erziehungsexperten wie der französische Kinderpsychologe Marcel Rufo sagen, dass der ideale Altersabstand zwischen Geschwistern bei sechs bis sieben Jahren liege. Ab diesem Alter habe jeder seine gefestigte Position in der Familie, das Kind habe bereits einen eigenen Freundeskreis und die Abnabelung von den Eltern habe stattgefunden, sodass die Eifersucht wesentlich geringer sei. Aber strenggenommen handelt es sich um zwei Einzelkinder, die man aufzieht. Denn davon spricht die sozialwissenschaftliche Definition: Ab einem Altersabstand von mehr als sieben Jahren handelt es sich um einen Nachzügler – der quasi wie ein Einzelkind aufwächst.

Doch natürlich ist das Leben von Geschwistern mit großem Altersabstand nicht genauso wie das Aufwachsen als Einzelkind, offizielle Definition hin oder her. Denn da ist immer jemand, der zur Familie gehört, jemand, der sich um einen kümmern kann, mit dem man sich auch wunderbar streiten kann. Denn natürlich bleibt es auch bei einem Altersabstand von fünf oder mehr Jahren nicht aus, dass die kleine Schwester nervt oder der kleine Bruder ungefragt im Kinderzimmer das Lieblingsauto klaut. Und natürlich können sich auch Kinder mit so einem großen Altersabstand herrlich miteinander gegen die Eltern verbünden und von den Eltern den Kinobesuch einfordern statt des Kaffees bei der Uroma.

Unterschiede unter einen Hut bringen

Kinder mit einem so großen Altersunterschied haben natürlich unterschiedliche Interessen. So wird es vielleicht schwie-

---

Mareike, Mama von Jesper (8) und Ilka (3)

Er ist schon so selbständig

>> *Als unser Sohn fünf war, kam unsere Tochter auf die Welt. Für uns begann alles noch einmal von vorne – die ganze Babyzeit. Ich muss gestehen, wir waren ein bisschen aus der Übung und mussten uns an vieles wieder neu gewöhnen. Das war am Anfang stressig, aber es war auch sehr schön, weil ich die Zeit mit dem Baby wirklich genießen konnte. Mein Sohn war schon so selbständig, dass er selten eifersüchtig war und es auch verstand, wenn ich gerade nicht konnte, weil ich das Baby stillen musste. Wenn er im Kindergarten oder nachmittags bei Freunden war, hatte ich viel Zeit nur mit meiner Tochter, was mir immer sehr wichtig war. Ich würde den Altersabstand immer wieder so wählen, weil ich so nie das Gefühl hatte, den Kindern nicht gerecht zu werden oder ein Kind zu vernachlässigen.* ◄◄

rig sein, Ausflugsziele auszusuchen, die beiden Kindern gefallen. Wenn die kleine Schwester alt genug ist, sich für den Zoo zu begeistern, findet der große Bruder das unter Umständen schon »Baby-langweilig«. Oder wenn der kleine Bruder endlich alt genug ist, Memory zu spielen, interessieren den großen Bruder schon lange »Siedler« oder andere Strategiespiele. Und gerade dann, wenn die Große nach der Schule mit den Eltern diskutieren will, möchte der Kleine unbedingt puzzeln oder die Holzeisenbahn aufbauen – oft ist es nicht so leicht, beiden Kindern gerecht zu werden. Auch im Urlaub sind die unterschiedlichen Interessen nicht immer unter einen Hut zu bringen und können mitunter zu Streitereien führen.

Je nach Alter variiert auch die Einsicht der Kinder, weshalb sie gerade jetzt den Kürzeren ziehen. Klare Familienabsprachen und konsequentes Abwechseln beugen solchen Streitereien vor.

Ein großer Altersabstand muss aber nicht zwangsläufig heißen, dass die Kinder keine enge Beziehung zueinander entwickeln. Oft kommt es vor, dass das größere Kind zum Beschützer und Vorbild wird. Gerade weil das jüngere Geschwisterkind nicht als Konkurrent gesehen wird, kann sich eine enge Bindung entwickeln, die frei von Konkurrenzdenken ist. Wie so vieles lässt sich das nicht pauschalisieren und ist vom Charakter der Kinder abhängig. Alle Mensch sind

verschieden und jede Geschwisterbeziehung sowieso. Letztere durchläuft zudem im Laufe eines Lebens mehrere Phasen (Seite 118).

....

Manuela, Oma von Paulina (3)

Mein großer Bruder ist mein bester Freund

>> *Mein Bruder ist acht Jahre älter als ich, aber wir hatten schon immer ein sehr enges Verhältnis zueinander. Früher hat er in der Schule auf mich aufgepasst und ich habe später seine Freunde angehimmelt – die mich natürlich nervig und kindisch fanden. Aber er hat mich immer vor ihnen in Schutz genommen und sich nie mit ihnen zusammen über mich lustig gemacht. Oft hat er mir auch geholfen, wenn meine Eltern mir etwas verbieten wollten, und sie mit mir zusammen überredet. Heute sind wir immer noch so etwas wie beste Freunde und telefonieren einmal die Woche miteinander, obwohl er am anderen Ende von Deutschland wohnt. Er war derjenige, dem ich von meinem ersten Liebeskummer erzählt habe, und er hört sich auch heute noch ganz geduldig alle meine Ehestreitereien an.* <<

....

Geburtenreihenfolge und Charakter

Das große Kind ist das vernünftige, gewissenhafte Kind, das jüngere hingegen wird zum Rebellen, der auch noch schlechter in der Schule ist – ein bekanntes Klischee über die Geburtenreihenfolge. Der US-Psychologe Frank J. Sulloway hat Biografien von 6566 historischen Persönlichkeiten ausgewertet und kam zu dem Schluss, dass unter den Erstgeborenen besonders viele Staatschefs seien, während die Zweitgeborenen oft Rebellen oder Innovatoren seien wie Charles Darwin oder Karl Marx. Doch die Studie wurde mehrfach kritisiert: Sulloway bezog nicht mit ein, wie viele Kinder es insgesamt in der Familie gab. Außerdem lebten die meisten dieser historischen Persönlichkeiten zu Zeiten, in denen die Geburtsposition ganz andere gesellschaftliche Folgen hatte als heute. So waren Erstgeborene früher oft Alleinerben, jüngere Kinder hingegen gingen ins Kloster oder zum Militär – alles Umstände, die den Charakter prägten.

Vorteile eines großen Abstands

Während die einen noch zögern, ob sie ein zweites Kind bekommen wollen, jetzt, wo sich das Leben als dreiköpfige Familie so schön eingespielt hat, planen andere Eltern ganz bewusst einen großen Abstand zwischen den Kindern. Denn ein Abstand von mehr als vier Jahren bietet auch Vorteile. Sie haben die ersten wichtigen Jahre nur mit Ihrem ersten Kind verbracht, konnten die Zeit genießen und sich ganz dem Kind zuwenden.

Ihr Kind hat bereits die ersten Schritte in Richtung Selbständigkeit gemacht, es hat die ersten Bindungen zu anderen Menschen aufgebaut, sich weiter von der Mutter gelöst. Es ist im Kindergarten eingewöhnt und die Klammerphase ist vorbei. Deshalb wird die Eifersucht auf ein Geschwisterchen vermutlich weniger stark sein. Weil es sich anderen Bezugspersonen gegenüber stärker geöffnet hat, wird es sich vermutlich nicht so sehr von seinem »Thron« verdrängt fühlen.

Josefine, Mama von Luc (8) und Ben (2

Plötzlich war ich nicht mehr die Nummer 1

>> *Mein Großer war eigentlich immer ein Mamakind, aber als sein kleiner Bruder kam, unternahm er sehr gern auch mal etwas allein mit seinem Vater. Die beiden konnten stundenlang im Wald spazieren gehen und die merkwürdigsten Sachen nach Hause bringen oder mit dem ferngesteuerten Auto spielen. Ich musste mich am Anfang erst daran gewöhnen, dass ich nicht mehr nur die Nummer 1 für ihn war. Aber andererseits konnte ich so die Zeit mit dem Kleinen viel bewusster genießen.* <<

Die Konkurrenz unter Geschwistern mit einem Altersabstand von über vier Jahren ist wesentlich geringer als bei einem kleineren Altersabstand. Je älter das große Kind ist, umso mehr können Sie es auch in die Pflege des Babys einbeziehen und sich von ihm helfen lassen. Das verleiht allen Kindern, auch schon Zwei- und Dreijährigen, Selbstbewusstsein. Aber übertreiben Sie nicht, ihr großes Kind soll sich nicht ausgenutzt vorkommen. Einen Babysitter ersetzt eine Sechs- oder Siebenjährige also sicher nicht. Eine Neunjährige übrigens auch nicht.

Du bekommst ein Geschwisterchen!

Herzlichen Glückwunsch zu zwei Streifen auf dem Schwangerschaftstest! Sie sind überglücklich – und doch ist es ein bisschen anders als beim letzten Mal.

Wahrscheinlich möchten Sie Ihre Freude am liebsten laut in die Welt hinausposaunen. Aber Moment mal, da ist ja noch jemand, den das Ganze genauso viel angeht wie seine Eltern. Schließlich wird sich mit dem neuen Erdenbürger auch für Ihr erstes Kind alles verändern. Mit der Geburt des Geschwisterchens wird es auf einmal »groß« – egal wie klein es bei der Geburt noch ist. Und es ist unglaublich, wie groß einem der eben noch so kleine Zweijährige vorkommt, wenn man ein neugeborenes Baby im Arm hält.

Wie sagen Sie Ihrem großen Kind, dass Nachwuchs im Anmarsch ist? Wie viel müssen Sie erklären, was kann Ihr Kind überhaupt schon verstehen und realisieren? Und wann sagen Sie es am besten? Das Wie und Wann hängt ganz davon ab, wie alt Ihr Kind ist.

Kleine Kinder vorbereiten

Je kleiner Ihr Kind ist, umso weniger wird es mit der Ankündigung »Du wirst großer Bruder« etwas anfangen können. Ganz abgesehen davon kann es wahrscheinlich noch gar nicht begreifen, was sich mit der Geburt eines Geschwisterchens wirklich in seinem Leben verändert.

Kleinkinder haben noch kein Zeitgefühl

Kleine Kinder unter zwei Jahren werden den dicker werdenden Bauch der Mutter am Anfang gar nicht bemerken. Deshalb sollten Sie Ihren kleinen Liebling besser nicht zu früh einweihen – denn mit der Aussage »Du bekommst in sieben Monaten eine kleine Schwester« können Kleinkinder noch nichts anfangen. Sie haben kein Zeitgefühl und auch der Satz »Bald

den Bäumen gefallen sind und noch bevor der Weihnachtsmann kommt.« Das half ihm, das Ganze ein wenig einzuordnen, und sobald die ersten Blätter bunt wurden, wurde er immer aufgeregter, denn er wusste: Wenn sie alle abgefallen sind, dann ist es nicht mehr lang.

....

Antje, Mama von Sofia (4) und Paul (3)

Nicht zu früh erzählen

》 *Wir haben den Fehler gemacht, unserer Großen ganz früh von der Schwangerschaft zu erzählen. Wir dachten, je früher sie es weiß, umso länger können wir sie vorbereiten. Sie war gerade eineinhalb, als wir es ihr sagten, ich war da in der 12. Woche. Sie fragte von da an jeden Abend vor dem Schlafengehen, ob am nächsten Tag das Baby da sei. Wirklich – jeden Abend, bis das Baby dann tatsächlich kam. Ich würde jedem davon abraten, es einem kleinen Kind schon so früh zu erzählen. Eine Schwangerschaft dauert ja wirklich sehr lange.* 《

....

kommt ein Geschwisterchen« wird bei ihnen eher die Erwartung wecken, dass es schon morgen oder in der kommenden Woche so weit sein könnte.

Ein erstes Zeitgefühl entwickeln Kinder erst kurz vor dem dritten Geburtstag, manche auch erst danach. Aber natürlich wissen sie auch mit drei Jahren noch nicht, was vier Monate sind. Umschreibungen wie »Nach Weihnachten« oder »Im Sommer, wenn es richtig warm ist« oder »Wenn die Blätter von den Bäumen fallen« helfen Ihnen dabei, Ihrem Kind zu vermitteln, wie lange es noch dauert.

Unser zweiter Sohn kam im November auf die Welt. Wir haben seinen Bruder im Sommer eingeweiht, als er zwei Jahre und drei Monate alt war: »Du bekommst noch vor Weihnachten einen kleinen Bruder. Wenn alle Blätter von

Bei kleinen Kindern unter zwei Jahren können Sie sogar noch ein wenig länger warten, bis der Zeitpunkt langsam für sie greifbar wird, der Bauch sich sichtbar rundet und Sie in der zweiten Schwangerschaftshälfte sind. Jedoch sollten Sie eines beachten: Ihr Kind sollte nicht das Gefühl bekommen, dass es die Neuigkeit als Letztes erfährt. Dann könnte es sich zurückgesetzt oder nicht ernst genommen fühlen. Um dem vorzubeugen, bitten Sie Verwandte, Freunde und Bekannte, von Fragen wie »Freust du dich auf dein Schwesterchen?« abzusehen, bis Sie Ihr Kind eingeweiht haben.

Falls Sie schon früh unter gesundheitlichen Einschränkungen durch die Schwangerschaft leiden und viel liegen müssen oder nicht schwer tragen dürfen, ist es besser, Ihren kleinen Schatz zu beruhigen und ihm klarzumachen, dass Sie nicht wirklich krank sind, sondern »nur« ein Baby im Bauch haben, damit er nicht verunsichert wird. Stellen Sie dabei klar, dass Ihr Zustand ganz normal ist und dass es meistens so ist, wenn man ein Baby erwartet, damit Ihr Kind dem Baby nicht die Schuld an Ihrer Übelkeit gibt.

Daniela, Mama von Lucas (2) und Jonas (9 Monate)

Wie kann ich den Großen beruhigen?

>> *Mir war bei der zweiten Schwangerschaft die ersten zehn Wochen so unglaublich schlecht. Ich konnte eigentlich nichts essen und war furchtbar schlapp. Lucas bekam das natürlich mit und fragte, wieso ich krank bin und ob ich wieder gesund werde. Ich habe dann gesagt, dass ich nur etwas Falsches gegessen hatte und es bald aufhört. Ein Glück akzeptierte er das, auch wenn ich zwei Monate lang jeden Tag etwas Falsches gegessen hatte. Es hat seine Vorteile, wenn Kinder noch zu klein sind, um die Dinge wirklich zu verstehen.* ◄

Die frohe Nachricht verkünden

Nun ist er da der Tag, an dem Sie Ihrem Kind erzählen möchten, dass es bald ein Geschwisterchen bekommt. Und jetzt? Wie macht man das am besten? Wählt man einen besonders feierlichen Rahmen, um zu zeigen, dass man eine ganz besondere Neuigkeit hat?

Sie sollten bei der Verkündung der frohen Botschaft dem Ganzen nicht zu viel Bedeutung beimessen und davon absehen, zu viel zu erklären. Erst wenn Ihr Kind nachfragt – und ganz kleine Kinder werden das eher nicht –, können Sie einfach und kindgerecht erklären, wie das Baby in Ihren Bauch hineingekommen ist. Zu viele Informationen verwirren eher. Meistens geben sich kleine Kinder mit der Erklärung zufrieden, dass Babys entstehen, wenn Mama und Papa kuscheln. Aber auch die Info, dass Babys einfach ganz klein im Bauch sind und dann irgendwann größer werden, ist für kleine Kinder unter zwei noch völlig akzeptabel. Mein Großer hat damals gar nicht

Trennungsangst

Trennungsangst ist die Angst, von seiner Bezugsperson getrennt zu werden oder zu sein. Auch Kinder, die vor der Geburt des Geschwisterkindes keine Trennungsangst hatten, können auf einmal durch die große Veränderung stärker klammern und Trennungen von den Bezugspersonen schwerer verkraften. Es braucht Zeit, sich an die neue Situation zu gewöhnen, die für alle nicht einfach ist. Dazu kommt, dass Eltern nach der Geburt des zweiten Kindes dem Großen auf einmal mehr abverlangen als vorher. Geben Sie dem Großen seine Zeit, sich an die neuen Gegebenheiten anzupassen, und gehen Sie einfühlsam auf seine Trennungsängste ein. Es hilft, schon in der Schwangerschaft innige Momente wie das morgendliche Kuscheln oder gemütliches Vorlesen in den Alltag einzubauen, in denen Sie Ihrem Kind Ihre ungeteilte Aufmerksamkeit schenken – und diese kleinen Momente auch nach der Geburt des zweiten Kindes als festen Bestandteil des Alltags weiterzuführen.

nachgefragt, das Interesse daran begann erst weit nach dem dritten Geburtstag. Gerade kleine Kinder sehen das oft sehr pragmatisch.

Es gibt schön gestaltete, altersgerechte Bilderbücher, die zeigen, wie das Baby im Bauch liegt und größer wird. Das hilft den Kleinen, den doch anfangs sehr abstrakten Gedanken »In Mamas Bauch ist ein Baby« zu verinnerlichen. Bei der Auswahl der Bücher sollten Sie darauf achten, dass sie nicht zu anatomisch sind: Je kleiner die Kinder, desto einfacher sollte alles erklärt und dargestellt sein. Sprechen Sie medizinische Details zum Ablauf der Geburt besser gar nicht an, wenn Ihr Kind nicht danach fragt. Und auch dann sollten Sie nicht erzählen, wie schmerz-

haft die Wehen und eine Geburt sind, damit Ihr Kind keine Angst um Sie bekommt.

Das Strampeln zu spüren macht das Baby begreifbarer

Für kleine Kinder ist das Baby im Bauch, das sie nicht sehen können, natürlich schwer vorstellbar. Schauen Sie mit Ihrem kleinen Schatz gemeinsam Babyfotos an und erzählen Sie ihm, wie Sie sich über seine Geburt gefreut haben und wie winzig er am Anfang war. Viele Kinder helfen auch gerne bei den Vorbereitungen für das Baby mit, zum Beispiel dabei, die Babywäsche zu sortieren oder Babyspielsachen auszusuchen.

Ist Ihr Bauch so groß, dass die Babytritte auch von außen spürbar sind, lassen Sie Ihr Kind die Hand oder das Ohr auf Ihren Bauch legen, wenn das Baby strampelt. Das baut eine erste Bindung auf und das Geschwisterchen wird ein wenig realer und (be)greifbarer.

Mein Sohn hat gerne alle seine Spielzeuge angeschleppt, seinem kleinen Bruder »gezeigt« und dabei erklärt, was man damit Tolles anstellen kann. Er hatte auch großen Spaß daran, dem Baby im Bauch gemeinsam mit mir etwas vorzusingen. Wer weiß, vielleicht singt unser Kleiner deshalb heute so gerne lauthals mit seinem Bruder zusammen.

Auch ein Ultraschalltermin beim Arzt könnte helfen, das Baby greifbarer zu machen. Aber manchen Kindern ist das auch ein wenig unheimlich – vergessen Sie nicht, dass so ein kleines Kind noch gar nicht richtig versteht, was beim Ultraschall vor sich geht und wie das Baby im Bauch liegt. Wenn Sie sich dafür entscheiden, sollten Sie Ihr Kind erst in der späteren Schwangerschaft mit zum Ultraschalltermin nehmen, wenn Fehlbildungen oder andere Komplikationen bereits weitestgehend ausgeschlossen werden konnten – denn das wäre eine Situation, die ein kleines Kind noch gar nicht erfassen kann.

Keine falschen Versprechen

Versprechen Sie Ihrem großen Kind im Zusammenhang mit dem Baby nicht zu viel und reden Sie nicht ständig von ei-

Patchworkfamilien

Eine besondere Familienkonstellation, die heutzutage immer häufiger vorkommt und zur Normalität gehört, sind Patchworkfamilien. Auch hier kommen ein oder sogar mehrere Geschwister neu dazu – und nicht immer gibt es eine neunmonatige Vorbereitungszeit wie bei einer Schwangerschaft. Auf einmal ist da ein Geschwisterkind, manchmal sogar genauso alt wie man selbst – ganz anders als ein wenige Tage altes, hilfloses Baby, das am Anfang viel schläft. Auch in Patchwork-familien gibt es all die Situationen, denen man mit Geschwistern ausgesetzt ist: Eifersucht, das Gerangel um Aufmerksamkeit, Streitereien. Aber auch gleichzeitig die Chance auf einen Freund oder jemanden, mit dem man sich gegen die »Großen« verbünden kann. Dennoch sollte die Familienzusammenlegung nicht hoppladihopp erfolgen, sondern die Kinder sollten ebenso behutsam vorbereitet werden, wie bei der Ankunft eines neuen Babys.

nem neuen Spielkameraden, den es bekommt. Natürlich können Sie sagen, dass das Geschwisterchen irgendwann mitspielen kann und dass zusammen spielen lustiger ist als alleine – aber erwecken Sie bloß nicht den Eindruck, da komme ein fix und fertiger Freund zum Spielen aus dem Bauch. Ich erinnere mich noch gut an einen Jungen im Bekanntenkreis, der seine kleine Schwester anschaute, sich enttäuscht umdrehte und wegging: »Wie soll ich denn mit der Fußball spielen?«

Um derartigen Enttäuschungen vorzubeugen, sollten Sie realistisch schildern, wie das mit Babys am Anfang so ist: Sie sind klein und runzlig. Sie wollen ständig trinken und viel schlafen. Und sie schreien ganz laut, weil sie noch nicht reden können. Seien Sie ehrlich und erzählen Sie, dass das Baby Laufen und Sprechen erst lernen muss – aber stellen Sie auch in Aussicht, dass das Geschwisterchen irgendwann groß ist und dann auch einfache Spiele spielen kann.

Petra, Mama von Max (10) und Leon (8)

Unser Großer hat gut beobachtet

>> *Wir hatten glücklicherweise viele Freunde, die ebenfalls ihr zweites Kind erwarteten. Bei einigen kam es vor unserem Baby auf die Welt – sodass Max gleich sehen konnte, wie klein und hilflos so ein Baby ist und dass es am Anfang nicht viel mehr als schreien und schlafen kann. Er hat auch beobachtet, wie das mit dem Stillen ist und dass es Momente geben wird, in denen Mama nicht aufstehen und mitspielen kann, sondern eher etwas Ruhiges wie Vorlesen machen muss.* <<

Achten Sie bei allem Vorbereiten aber darauf, Ihr Kind nicht zu nerven. Wenn es nichts vom Baby hören will, dann ist es auch okay. Es muss nicht kein Buch über das wachsende Baby anschauen, wenn es nicht möchte. Es muss auch nicht ständig sagen, dass es sich auf sein Geschwisterchen freut – auch nicht anderen gegenüber. Unterbrechen Sie Ihr Kind nicht beim Spielen oder Malen, um ihm das neue Ultraschallbild zu zeigen. Das weckt nur das Gefühl, dass das neue Baby wichtiger ist als es selbst und der Spaß, den es gerade an seiner Tätigkeit hat. Wichtiger als das Wissen, wie ein Baby entsteht oder wie groß das Baby im Bauch gerade ist, ist, dass Sie mit dem Großen kuscheln und ihm so zeigen: »Mama ist immer da, selbst mit Baby im Bauch und auch, wenn das Baby aus dem Bauch raus ist.«

Geschwisterdasein und Kindererziehung

Geschwister beeinflussen, wie wir unserer Kindheit erleben, und prägen unsere sozialen Erfahrungen genauso wie unser Elterndasein.

Wie wir die ersten Jahre mit unseren Brüdern oder Schwestern erlebt haben, hat Einfluss darauf, wie wir mit Eifersucht und Neid umgehen, wie wir Konkurrenzsituationen verkraften, Kritik verarbeiten und tatsächlich auch darauf, wie unsere Partnerschaften verlaufen. Auch die Rollen, die wir immer wieder in Menschengruppen besetzen, sind durch unsere Geschwisterbeziehung und Stellung in der Familie geprägt. Wer immer der Clown in der Familie war, übernimmt diese Rolle auch gerne in anderen Gruppen. Wer seine ganze Kindheit hindurch der »Bestimmer« war und es gewohnt war, anderen Anweisungen zu geben, wird aus dieser Rolle im Erwachsenenalter nur schwer herausschlüpfen können.

Das Geschwisterdasein beeinflusst auch unser eigenes Elterndasein und wie wir unsere Kinder erziehen. Studien haben gezeigt, dass die Erwartung, wie die eigenen Kinder miteinander auskommen, von den Erfahrungen geprägt wird, die wir als Kinder mit unseren Geschwistern machten. Wer mit seiner Schwester das Leben lang ein Herz und eine Seele war, wird enttäuscht sein, wenn die eigenen Kinder nicht einmal ansatzweise in diese Richtung tendieren. Wer als Kind ständig Zoff mit seinem großen Bruder hatte, wird den Streit unter Brüdern eher mit »So ist das halt« abtun. Anderen Studien zufolge liegt Eltern in den meisten Fällen die Geschwisterposition näher, die sie selbst in ihrer Familie haben. Eine große Schwester identifiziert sich also eher mit ihrer großen Tochter. Wer sich selbst als Erstgeborener von den Eltern zurückgesetzt fühlte, räumt dem älteren Kind unbewusst mehr Platz ein, um ihm jene Erfahrung zu ersparen.

Mütter blicken zurück

» *Ich bin die Älteste von drei Geschwistern und musste mir alles erkämpfen: das lange Aufbleiben, das abendliche Weggehen. Das fand ich immer gemein. Deshalb achte ich heute darauf, dass meine jüngeren Kinder nicht automatisch das dürfen, was der Älteste schon darf.*

Ich habe ein tolles Verhältnis zu meiner großen Schwester, auch weil unsere Eltern immer sehr viel Wert darauf gelegt haben, dass es gerecht zugeht und wir aufeinander Rücksicht nehmen. Das wünsche ich mir für meine Söhne auch und deshalb erziehe ich sie genauso, wie meine Eltern meine Schwester und mich erzogen haben.

Mir ist die Rolle, die ich im Familiengefüge einnehme, erst nach der Geburt meines zweiten Sohnes richtig bewusst geworden. Damals fand ich bei mir gewisse Verhaltensmuster wieder, die mich an meine Kindheit erinnerten. Über manche Verhaltensweisen ärgerte ich mich sehr und begann sie zu ändern. Andere habe ich gerne übernommen, weil sie mir und meinen Geschwistern auch guttaten – bis heute noch. «

Sicherheit geben

Sicherheit ist das Wichtigste, was Sie Ihrem erstgeborenen Kind mit auf den Weg geben können. Denn nicht nur für Sie, sondern auch für Ihr großes Kind wird sich das ganze Leben ändern. Doch für diese Veränderung muss sich erst das Bewusstsein bilden. Je kleiner das ältere Geschwisterkind ist, umso weniger wird es sich vorstellen können, was es heißt, dass ein Baby ins Haus einzieht – und dass aus einer dreiköpfigen auf einmal eine vierköpfige Familie wird. So viel ist klar: Mit der Geburt des zweiten Kindes wird das eingespielte Team Vater-Mutter-Kind noch einmal ganz neu aufgemischt. Das kann einem kleinen Kind Angst machen. Deshalb ist es das Wichtigste, ihm die Sicherheit zu geben, dass Mama und Papa immer da sind und sich eine Sache nicht ändern wird: die große Liebe zu ihm.

Größere Kinder vorbereiten

Kinder ab einem Alter von etwa drei Jahren verstehen bereits, dass sich mit einem Geschwisterchen einiges in ihrem Leben ändern wird. Sie haben es vielleicht schon bei Freunden im Kindergarten gesehen, die eine kleine Schwester oder einen kleinen Bruder bekommen haben. Je älter das Kind ist, umso mehr begreift es die neue Situation und umso mehr Mühe sollten Sie in die Vorbereitung stecken. Denn auch, wenn ein Vierjähriger theoretisch weiß, was es heißt, dass eine Mutter schwanger ist, und das kleine Baby bei seinem besten Kumpel gesehen hat: In die neue Rolle als großer Bruder oder große Schwester muss man hineinwachsen. Der richtige Zeitpunkt ist auch bei größeren Kindern abhängig vom Alter. Spätestens, wenn das Kind fragt, wieso Mamas Bauch eigentlich so dick ist, ist es Zeit, mit der Wahrheit herauszurücken.

Den richtigen Moment abpassen

Aber das Wie ist hier die große Frage! Es empfiehlt sich nicht, morgens beim Anziehen auf der Suche nach der zweiten Socke dem Kind ein »Ach ja, du wirst übrigens große Schwester« mit auf den Weg zu geben. Auch nicht dann, wenn Sie sich verabschieden und Ihr Kind beim Babysitter lassen: »Du bleibst jetzt mal kurz bei Tante Hilde, während ich einkaufen gehe. Ach, übrigens im Winter bekommst du ein Geschwisterchen. Ich muss los, tschüss!« Ganz falsche Methode.

Je älter ein Kind ist, umso mehr versteht es, dass sich eine Menge im bisherigen Familienleben ändern wird – nur die Ausmaße kann es nicht begreifen. Das kann ihm Angst machen, es auf jeden Fall aber verunsichern. Stellen Sie sich einmal vor, jemand sagt Ihnen, dass Sie bald eine neue Mitbewohnerin bekommen. Wer das ist und was sie im Haus zu suchen hat, sagt man Ihnen nicht, und was das jetzt für das eigene Schlafzimmer, die Lieblingsbücher und die Schokoladenschublade bedeutet, wird auch einfach offengelassen. Ich bin mir sicher, so eine einschlagende Nachricht möchten Sie auch nicht ganz beiläufig beim morgendlichen Zähneputzen von Ihrem Mann hören.

Natürlich sollten Sie auch nicht ins Gegenteil verfallen, eine Regenbogentorte backen, die Ultraschallbilder neben dem hübsch gedeckten Tisch mit dem besonderen Geschirr drapieren und mit feierlicher Miene ein bedeutungsvolles »Du bekommst ein Geschwisterchen, ist das nicht toll!?« vortragen. Ein Zuviel an Brimborium könnte wiederum dazu führen, dass das Erstgeborene sich eingeschüchtert fühlt und sich beklommen fragt: »Wenn jetzt schon so viel Trara ums Baby gemacht wird, wie wird das bloß, wenn es dann da ist?« Was würden Sie denken, wenn Ihr Mann für Sie ein Candle-Light-Dinner veranstaltete, Kerzen und Sekt inklusive, und dann überglücklich mit bedeutungsschwangerer Stimme offenbarte, dass bald die besagte Mitbewohnerin einziehe? Ich würde ein wenig Panik bekommen, ganz ehrlich!

....

Jana, Mama von Peter (10) und Ida (3)
Wir haben ihn zu wenig vorbereitet

>> *Ich dachte immer, ich müsse unseren Peter nicht groß vorbereiten, als ich schwanger war. Er war schließlich schon sieben Jahre alt und viele seiner Freunde hatten Geschwister. Wir haben ihm einfach nur gesagt, dass er eine Schwester bekommt. Er hat auch nicht viel gefragt. Aber als seine Schwester da war, merkten wir, dass ihn die neue Situation verwirrte und mehr mitnahm, als wir dachten. Er wurde schneller wütend und war sehr verschlossen. Wir haben versucht, ihm viel Platz einzuräumen und viel zu erklären. Im Laufe der Zeit wurde es besser. Ich glaube, wir hätten ihn behutsamer auf das Ereignis vorbereiten sollen.* <<

....

Sie sehen, man kann in beide Richtungen übertreiben. Wie so oft im Leben ist das Mittelmaß das Beste. Auf jeden Fall ist es ratsam, den richtigen Moment abzupassen: nicht zwischen Tür und Angel, nicht einfach beiläufig und schon gar nicht, wenn Ihr Kind gerade ins Spiel vertieft ist. Auch direkt vor dem Einschlafen im Bett ist kein guter Zeitpunkt – denn oft kommen die Fragen erst dann, wenn das Kind die Neuigkeit hat sacken lassen. Jeder kennt das Gefühl, sich nachts wach im Bett zu wälzen und über unbeantwortete Fragen nachzudenken. Nachts erscheinen Sorgen oft größer, als sie sind. Stellen Sie sich vor, wie es einem kleinen Kind geht, das alleine in der Dunkelheit liegt und dessen Gedanken Karussell fahren.

Wichtige Neuigkeiten brauchen Ruhe

Besser ist es, Sie wählen zum Erzählen der Neuigkeit eine ruhige Minute, vielleicht beim Kuscheln oder Vorlesen auf dem Sofa. Ein Moment, in dem Sie Zeit haben und kein dringender Anschlusstermin im Nacken sitzt. Sagen Sie als Erstes einfach: »Wir bekommen noch ein Baby, du bekommst ein Geschwisterchen.« Nun warten Sie, wie das Kind reagiert. Zu genau müssen Sie von sich aus die Dinge gar nicht erklären. Oft verwirren Details nur – auch größere Kinder. Sie kennen es vielleicht selbst, das Gefühl, dass man eine Neuigkeit erst einmal sacken lassen muss, bevor man sich wirklich eine Meinung bilden kann.

···

Thomas, Papa von Maj (9) und Brit (6)

Erst mal wollte sie gar nichts wissen

>> *Als wir unserer Tochter erzählten, dass sie ein Geschwisterchen bekomme, sagte sie gar nichts, flitzte in ihr Zimmer und holte ein Buch. Nachdem ich das vorgelesen hatte, holte sich noch eins. Erst abends im Bett fragte sie, ob es ein Bruder oder eine Schwester werde. Mehr wollte sie aber auch nicht wissen. Die ganzen Fragen kamen erst ein oder zwei Wochen später.* <

···

Manche Kinder zeigen erst einmal gar keine Reaktion – auch das ist in Ord-

nung. Sie müssen die Nachricht zuerst verdauen. Wenn Ihr Liebling also scheinbar desinteressiert nur nickt, ein Buch aufschlägt und sagt: »Jetzt aber vorlesen«, dann ist das kein Grund zur Besorgnis. Es kann sogar vorkommen, dass Ihr Kind ablehnend reagiert – drängen Sie es dann nicht weiter. Das sind große Neuigkeiten und die müssen erst einmal verarbeitet werden, was jedes Kind auf seine Art macht. Zwingen Sie Ihren kleinen Schatz nicht dazu, über die Nachricht zu reden. Und lassen Sie die Frage »Ja, freust du dich denn gar nicht, dass du ein Geschwisterchen bekommst?«. Geben Sie diesen Ratschlag auch Verwandten und Freunden mit auf den Weg, die den Satz gerne unbedarft äußern und sich dann wundern, dass der kleine Mann gar nicht in Begeisterungsstürme ausbricht. Grundsätzlich sollte man Kinder nicht dazu nötigen, bestimmte Gefühle auszudrücken. Kinder brauchen Raum für ihre Gefühle und sie brauchen Zeit, sich darüber klar zu werden, wie sie das Ganze überhaupt finden.

Zu viele Details verwirren

Wenn Ihr Kind fragt, dann beantworten Sie diese Fragen natürlich, aber auch nicht ausufernd. Warten Sie lieber ab, wie das Kind reagiert, welche Folgefragen es stellt oder ob Ihre Erklärungen erst einmal ausreichen. Das gilt auch für die sexuelle Aufklärung. Je nach Alter wissen die Kinder vielleicht schon Bescheid, andere Kinder bilden ihre eigenen, mit-

Mutter:
„Du bekommst im Frühling eine kleine Schwester."

Lisa (4):
„Dann macht sie jetzt in deinem Bauch Winterschlaf?"

unter sehr spaßigen Theorien, wie so ein Baby in den Bauch kommt. Gehen Sie auf konkrete Fragen ein; eine gute Hilfe sind dabei Bücher mit altersgerechten Erklärungen. Aber auch hier gilt: Überfrachten Sie Ihr Kind nicht mit Informationen und antworten Sie nur auf Fragen, die auch wirklich gestellt werden. Und die können bei jedem Kind anders ausfallen.

Das Kind in die Vorbereitungen mit einbeziehen

Wichtig ist beim größeren wie auch beim kleineren Kind, dass Sie keine zu großen Erwartungen wecken.

Ein größeres Kind können Sie noch mehr als ein Kleinkind in die Vorbereitungen auf das Leben zu viert einbeziehen. Sortieren Sie zusammen Babykleidung, suchen Sie gemeinsam Spielsachen für das Baby heraus oder schauen Sie alte Fotos an und zeigen Sie Ihrem Kind: »Sieh her, wir haben uns auch auf dich riesig gefreut, als du noch in meinem Bauch warst.« Rückt die Geburt näher, können Sie zusammen den Kinderwagen herausholen und überlegen, ob die große Schwester vielleicht ein Kuscheltier abgeben möchte, oder gemeinsam den Wickeltisch aufbauen.

Statten Sie Freunden einen Besuch ab, die gerade ein Baby bekommen haben, um Ihrem Kind zu zeigen, wie klein so ein Neugeborenes ist und was es kann oder besser noch nicht kann. Achten Sie aber darauf, dass sich bei so einem Besuch nicht alles nur um das Baby dreht, um keine zusätzlichen Ängste aufzubauen. Und wenn Ihr Kind an Babys aus dem Be-

kanntenkreis überhaupt kein Interesse zeigt, dann ist das auch in Ordnung.

Auch ein größeres Kind wird es mögen, das Ohr oder die Hand an den Bauch der Mama zu legen und das Baby zu hören oder die ersten Tritte zu spüren.

In Sachen Ultraschall scheiden sich die Geister. Manche Eltern schwören darauf, weil das Baby so sichtbar wird. Aber die Situation beim Arzt kann ein Kind auch verwirren. Und was ist, wenn beim Ultraschall eine Anomalie wie beispielsweise ein Herzfehler festgestellt wird? Wie erklären Sie es Ihrem Kind? Nehmen Sie deshalb Ihren Großen erst in der fortgeschrittenen Schwangerschaft mit, wenn Anomalien bereits ausgeschlossen wurden. Ultraschallbilder zu zeigen, kann eine gute Alternative sein – auch so wird das Baby im Bauch sichtbar gemacht und

Vorbereitungskurse für Geschwister

Immer häufiger werden Vorbereitungskurse für Geschwister angeboten, die Kindern altersgerecht vermitteln, wie das Leben mit Baby eigentlich so ist, aber auch, wie man ein Baby wickelt, füttert, hochhebt und das Köpfchen stützt. Das kann der großen Schwester oder dem großen Bruder Sicherheit für die Zeit mit dem Baby geben und Selbstbewusstsein verleihen, wenn sie den Eltern tatkräftig mithelfen können.

Die meisten Angebote dieser Art sind für Kinder über drei oder vier Jahre. Ob Sie Ihr Kind zu so einem Kurs schicken möchten, ist sicher Geschmackssache. Manchmal kann es aber durchaus hilfreich sein, wenn eine dritte, neutrale Person mit den Kindern über die bevorstehenden Veränderungen spricht und die Kinder sehen, dass andere Kinder in derselben Situation sind wie sie selbst.

auf den modernen 3-D-Ultraschall-Bildern lässt sich eine Menge erkennen.

....

Jelena, Mama von Lasse (7)
und Luisa (4)

Lieber nicht mit zum Ultraschall

》 *Da ich bereits eine Fehlgeburt hatte, die durch einen nicht vorhandenen Herzschlag beim Ultraschall in der zehnten Woche festgestellt wurde, haben wir uns dafür entschieden, unseren Großen nicht mit zu den Ultraschallterminen zu nehmen. Ich hätte nicht gewusst, wie ich reagiert hätte und wie ich es unserem Kind erklärt hätte. Aber die Ultraschallbilder haben wir ihm immer gezeigt – er war ganz interessiert und hat sie sich gern angesehen.* 《

....

Auch wenn Sie Ihr Kind so gut wie möglich vorbereiten möchten, machen Sie das Baby nicht zum Gesprächsthema Nummer 1. Auf die Frage, ob er sich denn schon auf seine Schwester freue, sagte mir ein Sechsjähriger einmal wie aus der Pistole geschossen: »Nein. Mama und Papa reden jetzt schon die ganze Zeit von nichts anderem.« Dreht sich schon vor der Geburt alles um das Baby und fühlt sich das große Kind gar zurückgesetzt, kann das bereits zu negativen Gefühlen

für das Geschwisterchen führen, bevor es überhaupt da ist.

Papas großer Auftritt

Und nun, meine Herren, sind Sie dran! Schon während Schwangerschaft sollte der Vater eine immer wichtigere Rolle im Leben des großen Kindes spielen und darauf achten, die Bindung zu intensivieren. Ab einem Alter von zwei bis drei Jahren wenden sich die meisten Kinder sowieso mehr dem Vater zu als in den Anfangsjahren, wo die meisten Kinder noch stark auf die Mutter fixiert sind. Bei der Mehrheit der Familien ist es trotz Elterngeld so, dass die Mutter die meiste Zeit mit dem Kind verbringt, während der Vater arbeitet.

Liebe Väter, verbringen Sie schon während der zweiten Schwangerschaft häufiger Zeit alleine mit Ihrem großen Kind – das kann auch die schwangere Mutter entlasten. Manche Mütter können so auch schon das Loslassen üben und sich darin erproben, dem Zwang entgegenzuwirken, alles unter Kontrolle haben zu wollen. Denn auch wenn Väter vielleicht manches etwas anders machen als die Mütter – schlechter machen sie es nicht. Gemeinsame Unternehmungen wie der sonntägliche Besuch im Schwimmbad stärken das Zusammengehörigkeitsgefühl und können ein schönes Ritual werden, das auch nach der Geburt des zweiten Kindes Sicherheit und Geborgenheit gibt.

Das Baby ist da!

Neben der großen Freude macht sich auch Unsicherheit breit: Wie kommen wir mit zwei Kindern klar? Wie reagiert das große Kind auf das Baby? Ist es eifersüchtig?

Erst einmal eingrooven

Egal wie gut Sie sich vorbereiten: Ist das Baby da, steht alles Kopf. Auch beim zweiten Kind ist das so – und Sie müssen sich erst aneinander gewöhnen.

Jede Familie ist anders, jedes Kind ist anders – das werden Sie beim zweiten Kind merken. Deshalb sollten Sie sich für die erste Zeit zu viert nicht zu viel vornehmen. Lassen Sie es ruhig angehen. Sie werden schon in den letzten Wochen der Schwangerschaft merken, dass Sie vor dieser Geburt ganz andere Fragen wälzen als vor der ersten Geburt: Wer kümmert sich um das große Kind, wenn die Wehen einsetzen? Wie ist die erste Zeit zu viert? Wie reagiert unsere Große auf das Baby? Geht das eigentlich: Wochenbett mit zwei Kindern? Um ruhig in die Geburt zu gehen, planen Sie besser frühzeitig, wer auf das große Kind aufpasst, wenn es ins Krankenhaus geht. Spielen Sie verschiedene Varianten durch: Wer kann kommen, wenn das Baby mitten in der Nacht kommt, und wer hat tagsüber Zeit, auf das große Kind aufzupassen? Beziehen Sie neben den eigenen Eltern auch ru-

hig gute Freunde und Bekannte ein und haben Sie für den Notfall mehrere Telefonnummern parat. Dann sind Sie entspannter. Und denken Sie daran: Eine Geburt kann durchaus auch schon vor dem Stichtag losgehen!

Lassen Sie es ruhig angehen

Hurra, das Baby ist da! Trotz aller Freude: Lassen Sie es ruhig angehen. Überstürzen Sie nichts und nehmen Sie sich vor allem nicht zu viel vor. Auch wenn Sie noch so erprobt sind: Der Start in das Leben zu viert ist auch eine Belastungsprobe. Eigentlich war bisher alles klar im Familienleben, jeder hatte seinen festen Platz. Und nun mischt jemand ganz Kleines mit. Das ist für alle eine vollkommen neue Situation.

Regina, Mama von Yannik (4)
und Tim (2)

Nicht immer läuft alles nach Plan

>> *Ich hatte die ganze Zeit gehofft, dass die Wehen morgens gegen neun einsetzen, wenn Yannik im Kindergarten ist. Abholen sollte ihn meine Mutter und dann gleich mit ihm ins Krankenhaus kommen, wo nach einer hoffentlich schnellen Geburt schon das Baby auf der Welt war. Nun, es kam natürlich alles anders, als mein Masterplan es vorsah. Die Wehen setzten mitten in der Nacht ein, meine Mutter musste dann die Nachtwache bei Yannik übernehmen. Aber an eines hielt sich unser Kleiner: Er kam pünktlich um halb drei auf die Welt, als meine Mutter den Großen aus dem Kindergarten abholte.* <

Der Moment, in dem die beiden Geschwister sich zum ersten Mal treffen, ist einer dieser magischen Augenblicke im Leben. Bei uns kam der Große gleich nach dem Kindergarten im Krankenhaus vorbei. Ich werde nie vergessen, wie er schüchtern durch die Tür kam und mit großen Augen seinen kleinen Bruder anschaute. Wir hatten uns dafür entschieden, dass das Baby dem Großen ein Geschenk »mitbringt«, um das Kennenlernen zu vereinfachen. Ein kleiner Spielfotoapparat war es, nichts Großes, denn es musste ja in den Bauch »gepasst« haben. Mein Großer redet heute noch davon und hat die Kamera aufgehoben, obwohl er bei der Geburt seines Bruders erst zweieinhalb Jahre alt war.

Wenn Ihr großes Kind das Baby erst gar nicht beachtet, ist das kein Grund zur Besorgnis. Die Tatsache, dass das Baby, das eben noch im Bauch der Mama strampelte, nun da ist, das kann ein kleines Kind überfordern. Auf einmal ist da jemand, der Aufmerksamkeit verlangt und gefühlt immer dann Hunger hat, wenn man gerade seine neue Burg zeigen will. Plötzlich ist man der Große, soll selbständig sein und Rücksicht nehmen. Drängen Sie Ihr großes Kind nicht und fragen Sie auch nicht ständig: »Willst du deine kleine Schwester nicht in den Arm nehmen?« Das könnte kontraproduktiv sein und eine Ablehnung hervorrufen. Kinder brauchen unterschiedlich lange, um sich an die neuen Umstände zu gewöhnen.

Rituale helfen

Beim Aneinander-Gewöhnen helfen bekannte Rituale. »Es ist ja doch nicht alles anders, seit mein Geschwisterchen da ist«, signalisieren diese Rituale und zeigen, dass sich zwar vieles, aber längst nicht alles verändert hat.

Versuchen Sie, den bisherigen Tagesablauf weitestgehend beizubehalten. Es gibt Ihrem großen Kind Halt und Sicherheit, wenn es weiß, was wann passiert. Sofern das neugeborene Familienmitglied mitspielt – denn Babys halten sich bekanntlich nicht an Uhrzeiten und Termine.

Behalten Sie liebgewonnene Rituale aus der Zeit zu dritt unbedingt auch nach der Geburt bei. Das kann das abendliche Vorlesen inklusive Kuscheln oder der Nachmittagskakao nach dem Kindergarten sein. Auch wöchentliche Rituale – wie das gemeinsame Brötchenholen am Samstag mit Papa, der Sonntagsspaziergang oder der Musikschulbesuch mit Oma – geben Ihrem Großen Sicherheit und Geborgenheit.

....

Maja, Mama von Lana (4) und Raja (2)

Lana musste oft zurückstecken

>> *Da meine große Tochter noch nicht in die Krippe ging, als ihre Schwester geboren wurde, musste sie in den ersten Wochen oft zurückstecken. Sie hat viel geweint, hing ständig an meinem Rockzipfel und wollte immer dann auf den Arm, wenn ich das Baby auf dem Arm hatte. Ich habe deshalb bewusst die Dinge mit ihr gemacht, die ihr vor der Geburt immer so viel Spaß gebracht haben, wie das Milchbrötchen beim Bäcker, was ich ihr jedes Mal in der Stadt kaufte. Das hat die ganze Situation entspannt.* <<

....

Genießen Sie das Wochenbett!

Bevor frau den alltäglichen Tagesablauf in Angriff nimmt, sollte sie das Wochenbett genießen und sich die ersten Wochen ohne schlechtes Gewissen verwöhnen lassen. Vielleicht kann der Papa zumindest für die ersten zwei bis drei Wochen Urlaub nehmen. Gerade, wenn Sie nach einem Kaiserschnitt oder einem Dammschnitt noch nicht mobil sind, ist Ihr Partner eine wichtige Unterstützung im neuen Alltag.

Lassen Sie es ruhig angehen. Alle werden es überleben, wenn es einige Wochen lang nur Fertiggerichte gibt. Der Haushalt ist nebensächlich und das große Kind kann ruhig drei Tage am Stück denselben Pulli tragen. Die erste Zeit sollten Sie genießen, sich im Bett ausruhen, sich das Essen ans Bett bringen lassen – ganz ohne schlechtes Gewissen. Am besten ist es, als Mutter die Küche gar nicht erst zu betreten, dann müssen Sie sich auch keine Gedanken über eventuelles Chaos dort machen. Denken Sie dran: Es heißt Wochenbett, weil man die Zeit im Bett verbringen sollte, um sich zu schonen und neue Kraft zu tanken.

Natürlich wird das Wochenbett anders sein als bei der ersten Geburt. Dieses Gefühl, dass die Zeit stillsteht und Sie mit dem Neugeborenen in eine ganz eigene Welt abtauchen, wird nicht dasselbe sein. Denn das große Kind will wie gewohnt spielen, vorgelesen bekommen, Freunde treffen oder zum Turnen gehen. Natürlich kann auch der Papa zur Musikschule gehen – aber es ist verständlich, dass das große Kind nun besonders viel Mama möchte und mehr klammert als vorher.

Reservieren Sie immer wieder eine Extraportion Aufmerksamkeit und Kuscheln für Ihr großes Kind. Denn es stellt sich die Frage: »Ist meine Mama jetzt eine andere? Hat sie noch genug Zeit für mich? Ist da noch ein Platz für mich auf dem Schoß?« Gerade in der ersten Zeit ist die Unsicherheit groß.

Geben Sie Ihrem Erstgeborenen deshalb so viel Sicherheit wie möglich.

Kindergartenpause?

Ist das große Kind bereits im Kindergarten oder in der Krippe, stellt sich die Frage, ob Sie es weiterhin dorthin bringen oder eine kleine Pause einlegen. Diese Frage beantwortet jede Familie anders, denn es gibt keine pauschale Antwort. Die einen lassen ihr Kind weiterhin in den Kindergarten gehen, um zu zeigen, dass sich nicht alles verändert hat, und um dem Ereignis Geburt nicht zu viel Aufmerksamkeit zu geben. Andere Eltern sagen das Gegenteil, wollen die erste Zeit als Familie intensiv genießen und befürchten, dass sich das große Kind abgeschoben fühlen könnte. Ihre Entscheidung sollten Sie auch davon abhängig machen, wie gut das Kind im Kindergarten eingewöhnt ist und wie gerne es dort hingeht.

....

Anna-Sophia, Mama von Paul (7) und Anton (3)

Der Kindergarten gab ihm Halt

❱❱ *Unser Paul ging immer gerne in den Kindergarten und wir ließen ihn gleich am Tag nach der Geburt wieder in seine gewohnte Gruppe gehen. Das war seine kleine Welt, in der die festen Strukturen waren, die ihm zeigten:*

Es hat sich nicht alles verändert. Der bekannte Tagesablauf gab ihm sichtlich Halt und er freute sich auf seine Freunde. Ich habe ihn in den ersten Wochen früher abgeholt – aber auch gleichzeitig morgens die Exklusivzeit mit dem Baby genossen. Das Abholen habe ich meistens in die Schlafenszeit des Kleinen gelegt, sodass ich dann die Zeit mit meinem Großen ganz entspannt und auf ihn konzentriert genießen konnte. ◀

Wenn Besuch kommt

Wenn Besuch kommt, dreht sich logischerweise fast alles um das Baby: Da werden Geschenke mitgebracht, das Baby bewundert, jeder Schrei mit einem »Wie süß!« quittiert. Auf einmal ist das große Kind, das früher bei Besuchen meist im Mittelpunkt stand, außen vor.

Bitten Sie geschwisterunerfahrene Besucher vorher, erst das große Kind zu begrüßen und sich das selbstgemalte Bild zeigen zu lassen, bevor sie das – wahrscheinlich sowieso schlafende – Baby bewundern. Wenn auch Ihr großes Kind ein kleines Geschenk bekommt, fühlt es sich nicht so leicht zurückgesetzt. Scheuen Sie sich nicht, zumindest gute Freunde und Verwandte um ein kleines Mitbringsel für das große Kind zu bitten: einen schönen Stift, Aufkleber, Seifenblasen oder eine andere kleine Aufmerksamkeit.

Wenn der Besuch dann doch nur von Ihrem Baby schwärmt und das große Kind keines Blickes würdigt, obwohl es schon das siebte Bilderbuch anschleppt, dürfen Sie als Mutter oder Vater die Schwärmereien unterbrechen, das große Kind in den Arm nehmen und sagen: »Ja, das Baby ist wirklich süß. Aber wir haben hier auch noch einen tollen großen Jungen, der übrigens ganz alleine Roller fahren kann.« Keine falsche Höflichkeit!

Routine erleichtert den Start

Vieles ist neu, aber nicht alles. Zum Glück sind Eltern beim zweiten Kind routinierter. Selbst nach einigen Jahren werden Sie zwar staunen, wie klein so ein Baby ist, aber die Handgriffe kommen von alleine wieder: das Köpfchenstützen, das Bodyanziehen, das Wickeln – Sie werden überrascht sein, wie automatisch alles wieder abrufbar ist. Nur eins wird Sie erstaunen: Ihr großes Kind wirkt auf einmal so, als sei es über Nacht gereift.

Holger, Papa von Julian (4) und Thea (1)

Manchmal haben wir ihn überfordert

❯❯ *Unser Julian war drei, als seine Schwester auf die Welt kam. Auf einmal erschien er uns so groß. Wenn ich ihn hochhob, war es, als ob er zehn Kilo schwerer geworden wäre. Wir konn-*

JAKOB (3) REICHT DER MUTTER IHREN BH:

DU HAST DA EINE Milch PACKUNG. ABER DA DÜRFEN NUR BABYS DRAUS TRINKEN!

ten mit ihm reden und er konnte sagen, was er wollte. Das war toll, aber auch ein Problem, denn wir behandelten ihn leider ganz plötzlich so wie einen Großen und erwarteten zu viel von ihm. Wir haben nämlich manchmal vergessen, dass er mit seinen drei Jahren auch noch ein kleines Kind war und natürlich längst nicht alles so selbständig konnte, wie wir dachten. ◀

Das zweite Kind sei pflegeleichter, wird oft gesagt. Der Grund dafür sind aber meistens wir Eltern. Denn wir sind entspannter. Wir wissen das Schreien und Weinen besser zu deuten, erkennen, ob es im Bauch zwickt, wechseln nicht mehr nach jedem Pipi die Windel und tun es uns auch nicht mehr an, das Baby jeden Abend zu baden.

Claudia, Mama von Henri (8) und Bosse (7)

Entspannte Eltern – ruhigeres Kind

❱❱ *Unser großer Sohn hat als Baby die ersten zehn Wochen jeden Abend zwischen acht und zehn fast durchgängig geschrien. Wir waren damals sehr besorgt, bis unsere Hebamme uns beruhigte und erklärte, dass dieses abendliche Schreien häufiger auftrete und ganz normal sei. Unserem Henri fehlte tatsächlich nichts und das Schreien legte sich. Beim zweiten Kind war*

ich darauf eingestellt und tatsächlich schrie auch Bosse die ersten Wochen abends. Aber wir wussten nun, woran es lag und vor allem: Es geht vorbei. Dadurch waren wir viel entspannter. Wir probierten nicht mehr hektisch alles aus, um ihn zu beruhigen, sondern hielten ihn einfach im Arm. Tatsächlich beruhigte er sich viel schneller – unsere Ruhe strahlte auf ihn ab. ◀

Das Mehr an Gelassenheit, das sich Eltern beim zweiten Kind aufgebaut haben, wird übrigens die gesamte Baby- und Kleinkindzeit erleichtern. Wenn die ersten Krabbelversuche und Schritte kommen, sind Sie nicht mehr um jeden Sturz und blauen Fleck besorgt. Spätere Trotzanfälle lassen sich leichter ertragen, weil Sie wissen, dass es nur eine Phase ist.

Marion, Mama von Helene (4) und Emilia (1)

Beim zweiten Kind war ich viel lockerer

❱❱ *Was habe ich mir bei meiner großen Tochter noch für Gedanken über das regelmäßige Stillen gemacht! Ich habe jedes Mal die Uhrzeit notiert und auch, an welcher Seite sie zuletzt getrunken hat. Dann habe ich mich gesorgt, wenn sie mal eine Stunde später als im normalen Rhythmus trinken wollte. Als Emilia auf die Welt kam, habe ich von Anfang an auf mein Gefühl gehört und mich viel weniger mit Zeitvorgaben ge-stresst.* ◄◄

....

Das gilt übrigens auch für das Durch-schlafen. Oder besser gesagt: das nicht vorhandene Durchschlafen. Bei unserem großen Sohn dachte ich, ich würde nie wieder durchschlafen, und der Schlaf-mangel setzte mir sehr zu. Beim zweiten Kind wusste ich, dass es tatsächlich ein-mal ein Ende haben würde. Ich wusste auch, dass man sich an den Schlafman-gel gewöhnen kann, dass man auch nach Nächten, in denen man denkt, man übersteht den nächsten Tag nicht, den-noch wie durch ein Wunder durch den Tag kommt. Das erleichtert einem die durchwachten Nächte beim zweiten Kind ungemein. Wenn Sie sich weniger ver-rückt machen, wirkt sich diese Ruhe auch auf Ihre Kinder aus. Was ich freilich nicht wusste: Das Durchschlafen setzt bei je-dem Kind zu einem unterschiedlichen Zeitpunkt ein. Während der Große mit drei Monaten durchschlief, brauchte der Kleine mehr als drei Jahre dazu.

Sie werden sich vier Hände wünschen

Sie werden merken: Kinder sind ver-schieden. Auch beim zweiten Kind wer-den Sie immer wieder Neues entdecken. Was jedoch nicht heißt, dass alles einfa-cher wird. Denn wer sich nicht schon mit einem Kind vier Hände wünschte, wird

sie sich spätestens jetzt wünschen! Zwei Kinder bedeutet auch: mehr Arbeit, mehr Chaos, größere Wäscheberge, noch weni-ger Schlaf. »Das Zweite läuft so mit«, hört man häufig. Die Antwort darauf ist: Jein. Ja, aber …

....

Janina, Mama von Johanna (9) und Mattis (6)

Jetzt weiß ich, was richtiges Chaos ist!

>> *Ich frage mich, wieso ich beim ers-ten Kind eigentlich so oft das Gefühl hatte, ich würde nichts schaffen. Jetzt mit zwei Kindern weiß ich, was richti-ges Chaos ist. Im Rückblick kommt mir das Leben mit nur einem Kind so ein-fach vor. Wenn Johanna bei den Groß-eltern ist, merke ich erst, wie viel man mit nur einem Kind schafft.* ◄◄

....

Kaum ist das eine Kind angezogen, ist beim Baby die Windel voll. Ganz nach Murphys Gesetz will das Baby immer dann gestillt werden, wenn der Kinder-garten gleich Feierabend macht. Beim Einkaufen scheinen sich die beiden abge-sprochen zu haben, denn wie auf Kom-mando schreien dort beide Kinder um die Wette.

Je größer das Baby wird, umso mehr Auf-merksamkeit fordert es. Es wird Tage ge-ben, an denen Sie abends auf das Sofa sinken und sich fragen, was Sie eigentlich geschafft haben. Der Wäscheberg? Genauso hoch wie am Morgen. Sogar höher, weil das Baby dreimal seine Windel zum Überlaufen gebracht hat. Unterm Esszimmertisch spielen die Krümel Fangen und Sie selbst müssten dringend mal wieder unter die Dusche.

Dann kommen die ganzen Infekte, die das große Kind aus dem Kindergarten anschleppt. Unser Kleiner hatte mit zwei Wochen seine erste Erkältung. Da gerade Winter war, löste drei Monate lang eine Erkältung die andere ab, sodass gefühlt immer einer von uns krank war. Das Immunsystem des zweiten Kindes wird von Anfang an intensiv trainiert, denn auch

wenn sich das große Kind jedes Mal nach dem Kindergarten gründlich die Hände wäscht, verbreiten sich die Keime schneller, als man gucken kann.

Man wächst mit seinen Aufgaben

Doch bei allem Chaos: Sie werden es schaffen! Die Tage, an denen Sie denken, dass Sie einfach gar nichts auf die Reihe bekommen, werden weniger. »Man wächst mit seinen Aufgaben« ist zu meinem Mantra geworden. Eine gewisse Routine stellt sich schnell ein, so wie es auch beim ersten Kind schon war. Erinnern Sie sich noch daran, wie es nach der

Tipps für die erste Zeit

- Planen Sie frühzeitig, wer sich bei der Geburt um das große Kind kümmern kann.
- Füllen Sie vor der Geburt den Vorratsschrank oder das Tiefkühlfach mit einfachen Gerichten auf.
- Wenn das Baby ein »Geschenk« für das große Kind mitbringt, ist dieses gleich positiver gestimmt.
- Nehmen Sie sich nicht zu viel vor.
- Lassen Sie dem Großen Zeit, sich an den Familienzuwachs zu gewöhnen, und drängen Sie ihn nicht.

- Lassen Sie sich vom Besuch statt Blumen lieber Kuchen oder eine Suppe mitbringen.
- Bitten Sie den Besuch, auch eine Kleinigkeit fürs große Kind mitzubringen und zuerst das große Kind zu begrüßen.
- Behalten Sie liebgewonnene Rituale bei.
- Lassen Sie Haushalt Haushalt sein.
- Seien Sie während des Wochenbetts bewusst faul und tanken Sie so viel Kraft wie möglich.
- Reservieren Sie für das große Kind Extrakuscheleinheiten.

Geburt Ihres großen Kindes war? Wie neu Ihnen alles schien? Und wie schnell die Handgriffe saßen, wie bald die Routine einzog, die das Leben einfacher machte? So wird es auch diesmal sein. Das Leben zu viert ist anstrengender als zu dritt – aber es spielt sich schneller ein, als man denkt. Schon bald werden Sie den ganzen Trubel nicht mehr missen wollen.

Schneller, als Sie sich heute vielleicht vorstellen können, wird es Ihnen vorkommen, als ob Sie schon immer zu viert gewesen wären. Sie werden lernen, Prioritäten zu setzen. Und auch wenn Ihnen manchmal zum Weinen zumute ist:

Wenn die Kinder nach einem anstrengenden Tag abends ihre Arme um Sie schlingen und Ihnen ein »Ich hab' dich lieb, Mama« ins Ohr flüstern, dann wird die ganze Anstrengung von Ihnen abfallen. Diese Momente entschädigen für all den Stress, für all die Aufregung, die das Leben mit zwei Kindern mit sich bringt. Und ehe Sie sich versehen, wird der Tag kommen, an dem Ihre Kinder friedlich zusammen spielen und Sie sich als Mutter mal wieder mit einer Zeitschrift und einer Tasse Tee zurückziehen können. Kinder werden schneller groß, als man zusehen kann – wenn Sie sich das vor Augen halten, fällt es leichter, auch den chaotischen Moment einmal zu genießen.

Dem großen Kind gerecht werden

Gar nicht so einfach, die Zuwendung so zu verteilen, dass das große Kind nicht zu kurz kommt – besonders, wenn das Baby unruhig ist und sich lautstark meldet.

Mit der Geburt des Geschwisterchens wird Ihr Erstgeborenes in eine vollkommen neue Situation katapultiert, die es sich selbst bei der besten Vorbereitung nicht ausmalen konnte. Drehte sich vor der Geburt in der Mutter-Vater-Kind-Familie logischerweise fast alles um das eine Kind und seine Bedürfnisse, kommt jetzt mit einem Mal ein Konkurrent dazu.

Sobald Sie das Baby im Arm halten, wird Ihnen Ihr großes Kind plötzlich sehr viel größer und reifer vorkommen. Aber das ist nur ein Gefühl, denn in Wirklichkeit ist Ihr großes Kind natürlich nicht plötzlich gewachsen und über Nacht gereift, sondern es ist immer noch dasselbe kleine Kind wie vorher – mit all seinen Bedürfnissen.

Moritz, 4 Jahre
Meine Schwester nervt!

» *Seit Sara bei uns ist, ist alles anders geworden. Bevor sie da war, fanden Mama und Papa alles süß, was ich gemacht habe. Sie haben jedes Bild bewundert, das ich gemalt habe. Wenn ich hingefallen bin, haben sie mich sofort getröstet. Beim Spazierengehen durfte ich immer auf den Arm, wenn ich nicht mehr laufen konnte. Wenn ich beim Abendessen vom Kindergarten erzählt habe, haben sie genau zugehört. Und vor dem Schlafengehen haben sie mir immer eine Geschichte vorgelesen. Wenn Oma und Opa oder Tante Gretel zu Besuch waren, hat Mama ganz begeistert erzählt, was ich schon alles konnte. Und sie haben sich immer um mich gekümmert, mir vorgelesen oder mit mir gespielt. Das war toll.*

zählen möchte, weil es dauernd um Sara geht. Dass sie einen wunden Popo hat. Dass sie zum ersten Mal gelächelt hat. Auch Oma und Opa wollen nicht mehr mit mir spielen, sondern dauernd meine Schwester auf dem Arm halten und komische Geräusche machen. Mama und Papa gucken nur nach mir, wenn ich was kaputt mache. Heute Nachmittag hatten sie mal wieder keine Zeit für mich. Da habe ich vor Wut die Blumenvase vom Tisch geworfen. Da sind sie sofort gekommen und haben geschimpft. Aber eigentlich möchte ich gar nichts kaputt machen. Ich möchte nur auch mal auf den Arm genommen werden. Und sie sollen sehen, dass ich jetzt schon auf einem Bein hüpfen kann! ◄

....

Aber seit zwei Wochen ist alles anders – dieses nervige Baby ist bei uns eingezogen. Jetzt bin ich der der Vernünftige – und nur noch Sara ist süß. Auf einmal muss ich mich alleine anziehen, weil ich ja schon so groß bin. Ich muss alleine laufen, weil Sara nicht im Kinderwagen liegen will und getragen werden muss. Mittags darf ich nicht mehr laut singen oder mit dem Rutschauto durchs Haus fahren, weil meine Schwester schläft. Heute wollte ich ein Buch vorgelesen bekommen, aber Mama musste erst Sara wickeln. Sie sagt die ganze Zeit nur: »Später! Gleich! Warte mal kurz! Danach bist du dran!« Mit meiner Schwester redet sie mit so einer Piepsstimme, schaut bei jedem Ton, den Sara von sich gibt, was sie macht, und grinst sie dauernd an. Beim Abendessen hören Mama und Papa gar nicht mehr zu, was ich er-

Im Eifer des Gefechts neigen viele Eltern automatisch dazu, ihr großes Kind ständig zurechtzuweisen und zu bitten, auf das Baby Rücksicht zu nehmen. Versuchen Sie, das ganz bewusst zu vermeiden. Wenn Ihre Große ständig hört: »Das Baby schläft, mach nicht so einen Krach«, werden von Anfang an negative Gefühle geschürt. Besser ist es, die Situation schon im Vorfeld zu entschärfen, also zur Mittagsschlafzeit etwas Ruhiges zu machen wie Vorlesen oder Malen. Übrigens: Den meisten Babys macht Lärm beim Schlafen gar nichts aus.

Rebecca, Mama von Sina (6) und Valeska (4)

Ich habe sie zu wenig beachtet

>> *Drei Tage nach der Geburt fragte meine große Tochter auf einmal beim Ins-Bett-bringen, wann wir denn Valeska wieder zurückgeben könnten. Ich kann mich noch genau erinnern, wie sich in mir alles zusammenzog und ich mich fragte, wie ich es jemals schaffe, beiden Kindern gerecht zu werden. Sie hörte sich so unendlich traurig an. Ich habe gar nichts gesagt, sondern sie nur ganz fest gedrückt und mir vorgenommen, nicht mehr so ungeduldig mit ihr zu sein und ihr häufiger zu zeigen, wie sehr ich sie liebe.* ‹›

Die Welt muss sich neu ordnen

Nicht nur für uns Eltern ist auf einmal alles neu, auch für das große Kind muss sich das Leben neu sortieren. Viel zitiert ist das Beispiel des Mannes, der plötzlich eine Geliebte mit nach Hause bringt und zu seiner Frau sagt: »Die wohnt jetzt bei uns, schläft bei uns im Bett, aber keine Sorge, ich habe dich genauso lieb wie vorher.« Dieses Beispiel wird nicht ohne Grund so oft genannt – denn so ähnlich muss es sich für das große Kind anfühlen. Plötzlich muss es seine Mutter und seinen Vater mit jemandem teilen. Psycho-logen sprechen von der »Entthronung des großen Kindes«.

Versuchen Sie gerade in den ersten Wochen zu viert, besondere Zeitinseln für das große Kind zu schaffen. So zeigen Sie ihm, dass sich nicht alles verändert hat und dass Sie es noch genauso liebhaben wie vorher. Schon eine Viertelstunde am Tag, in der Sie gemeinsam mit Bauklötzen etwas bauen oder zusammen einen Kuchen backen, während das Baby schläft, hilft Ihrem großen Liebling, mit der neuen Situation besser zurechtzukommen. Heben Sie diese gemeinsamen Aktionen hervor, in dem Sie auch mal sagen: »Wie schön, dass nur wir beide zusammen aus dem Kindergarten nach Hause laufen.« Wenn das Baby also mal schläft, widmen Sie sich nicht gleich dem sicherlich wartenden Haushalt, sondern erst mal Ihrem großen Kind: Nehmen Sie es auf den Schoß, hören Sie ihm zu. Der Haushalt kann warten. Dieses Mantra sollten Sie sich auf jeden Fall einprägen – es hilft in vielen Alltagssituationen im Leben mit zwei Kindern.

Nadja, Mama von Linus (4) und Lara (2)

Sie soll wieder weg!

>> *Alle hatten mich vorgewarnt, dass irgendwann die Eifersucht beim Großen kommt. Doch am Anfang war das gar kein Problem. Aber nach zwei Wochen bekam Linus plötzlich einen riesigen Wutanfall und schrie, dass sich*

Entthronung – eine schwierige Phase

Der Psychologe Alfred Adler prägte den Begriff »Entthronungstrauma« Anfang des 20. Jahrhunderts. Er umschreibt, wie die bisherige Welt des Kindes aus den Fugen gerät, wenn es ein Geschwisterchen bekommt. Für kleine Kinder ist das eine schwierige Lebensphase: Sie fühlen sich »vom Thron geschubst« – es kann auch so weit gehen, dass sie sich verraten oder verlassen fühlen, sogar nicht mehr geliebt. Die Entthronung erfordert eine Neuordnung der Welt. Wie lange das dauert, hängt von mehreren Faktoren ab: vom Charakter des Kindes, vom Charakter des Geschwisterkindes, von der Vorbereitung, den Eltern, davon, wie sehr das große Kind vorher im Mittelpunkt der Aufmerksamkeit stand und wie alt es bei der Geburt seines Geschwisterchens ist. Adler sieht in der Entthronung den Grund für spätere Geschwisterrivalität. Dieser Schock wirke sich auf das gesamte spätere Sozialleben des großen Kindes aus.

alles nur um seine Schwester drehe. Besonders weh tat mir der Satz »Ich will, dass sie wieder in deinen Bauch geht!«. ◄•

Auch das große Kind darf wieder klein sein

Stärken Sie jetzt Ihr älteres Kind besonders, denn es erfährt durch die Geburt seines Geschwisterchens einen Verlust. Das Baby wird in diese Konstellation hineingeboren, es kennt nichts anderes, aber Ihr großes Kind steht plötzlich nicht mehr im Mittelpunkt.

Gestatten Sie ihm, auch mal wieder klein zu sein. Will Ihr großer Schatz auf einmal wieder einen Schnuller oder hat er scheinbar verlernt, sich alleine anzuziehen, darf das sein. Wenn er besonders klammert, sollten Sie ihm die Nähe geben, die er braucht. Manche Kinder, die schon trocken waren, brauchen auf einmal wieder eine Windel. Auch das ist in Ordnung und ganz normal.

Oft hilft es, wenn Sie Ihrem Großen zeigen, dass das Großsein viele Vorteile hat: »Du darfst schon Eis essen, deine kleine Schwester noch nicht, Babys dürfen das nicht.« Oder »Toll, wie du mir beim Tischdecken hilfst, das können nur Große.« Als Großer hat man mehr Pflichten, aber dafür auch mehr Rechte: Man muss zwar mit Messer und Gabel essen – aber dafür darf man aber auch das Sandmännchen gucken.

Um Ihrem großen Kind Sicherheit zu geben, helfen die zuvor beschriebenen Rituale (Seite 58). Auch Termine wie das wöchentliche Kinderturnen sollten Sie unbedingt weiter beibehalten. Das gemeinsame Anschauen von Babyfotos kann zeigen: »Als du auf die Welt kamst, haben wir uns auch sehr gefreut.«

Es kann auch sein, dass Ihrem großen Kind das Baby scheinbar egal ist und es sich kein bisschen für sein Geschwisterchen zu interessieren scheint. Auch das ist ein normales Verhalten, das Sie zulassen sollten. Drängen Sie Ihr großes Kind nicht dazu, das Baby süß zu finden oder auf den Arm zu nehmen.

Je nach Alter des Kindes hilft es, das große Kind in die Pflege des Babys miteinzubeziehen. Diese Hilfe kann das Holen der Windel sein oder das Aussuchen des Stramplers. Machen Sie in alltäglichen Situationen immer wieder darauf aufmerksam, wie hilflos ein Baby ist und wieso es so viel Aufmerksamkeit braucht – dann wächst das Verständnis beim Großen. Fragen wie »Meinst du, Lena braucht jetzt eine neue Windel?« oder »Glaubst du, Paul weint, weil er Hunger hat?« sensibilisieren das große Kind und bringen es dazu, sich mit den Bedürfnissen auseinanderzusetzen. Achten Sie darauf, immer den Namen des Babys zu benutzen: Denn das Baby ist nicht nur ein »Es« sondern ein vollwertiger Mensch mit einer eigenen Persönlichkeit.

Zeigen Sie Ihrem großen Kind immer wieder mit kleinen Gesten, dass Sie es lieben. Das kann ein Streicheln über den Kopf sein oder das In-den-Arm-Nehmen nach einem Trotzanfall.

Regression

Nicht selten fallen ältere Kinder nach der Geburt eines Geschwisterchens in alte Verhaltensmuster zurück. Da wird auf einmal wieder die Windel benötigt, das Kind lutscht am Daumen oder will auf Mamas Schoß sitzen. Solche Verhaltensweisen nennt man »Regression«. Lassen Sie sie auf jeden Fall zu, denn verweigern Eltern ihrem Kind die eingeforderte Zuwendung, ist das für das Kind eine weitere Ablehnung. Ihr Kind möchte Ihre Aufmerksamkeit und Nähe. Bestärken Sie Ihr großes Kind in allem, was es schon kann, und helfen Sie ihm so, Selbstvertrauen aufzubauen. Dazu gehört es, das Kind zu loben, es in die Pflege des Babys einzubeziehen und Zeitinseln mit viel Nähe zu schaffen. Regression ist etwas ganz Normales. Wenn sich aber der Zustand nach einiger Zeit nicht bessert oder schlimmer wird, sollten Sie Ihren Kinderarzt darauf ansprechen.

Kinder wollen Aufmerksamkeit

Stellen Sie sich darauf ein, dass Ihr großes Kind immer wieder versuchen wird, auf sich aufmerksam zu machen – auch dann, wenn es grad gar nicht passt. Kindern fallen dann die merkwürdigsten Dinge ein: Sie verteilen Mamas teure Creme im Bad, schneiden ein Kissen auf oder üben Weitwurf mit vollen Joghurtbechern. Da dürfen Sie natürlich sagen:

»Das ist doch Mist«, aber Sie sollten keine langen Vorträge halten, sondern verstehen, dass es sich hier um die Sehnsucht nach Aufmerksamkeit handelt. Auch wenn Sie am liebsten platzen würde vor Wut, weil es sich ausgerechnet um die 50 Euro teure Antifaltencreme handelt, die nun im Haar Ihres Großen klebt: Es hilft, die Situation von außen zu betrachten und das Ganze mit Humor zu nehmen. Im Zweifelsfall hilft es, gemeinsam herzhaft drüber zu lachen.

....

Sonja, Mama von Rabea (3) und Valerie (1)

Manchmal kam sie auf seltsame Ideen

>> *Als ich einmal meine kleine Tochter gestillt hatte, musste meine große aufs Klo. Das konnte sie schon gut alleine, also habe ich sie gelassen. Als es aber ziemlich lange sehr still im Badezimmer war, habe ich doch nachgeschaut. Da saß die Große, hatte zwei Klopapierrollen abgewickelt und war dabei, das Papier ins Klo zu stopfen. Zuerst war ich stinksauer, aber dann wurde mir klar, dass Rabea wahrscheinlich nur Aufmerksamkeit wollte. Also haben wir zusammen das Papier aus dem Klo geholt und ich habe ihr erklärt, dass so das Klo verstopft und es dann eine Überschwemmung im Bad gibt.* <>

....

Besonders gerne buhlen Kinder um Aufmerksamkeit, wenn die Mutter gerade stillt, denn das ist ein intimer Moment der Zweisamkeit, bei dem sich Geschwister ausgeschlossen vorkommen können.

Zur Vorbeugung hilft es, wenn Sie das Stillen zu etwas Besonderem auch für das große Kind machen, also ein schönes Buch gemeinsam anschauen oder ein Spielzeug herausholen, das es nur für die Stillzeit gibt. Sie können übrigens auch hervorragend mit Ihrem Kind kuscheln und gleichzeitig das Baby stillen. So gelingt es, den besonderen Moment der Nähe mit beiden Kindern zu teilen.

Dem kleinen Kind gerecht werden

»Ach, das zweite Kind läuft doch einfach so mit!« – diesen Satz haben Sie vielleicht auch bereits während der Schwangerschaft gehört. Und er stimmt tatsächlich.

Vieles ist beim zweiten Kind zur Routine geworden: das Wickeln, das Stillen, der erste Brei. Wir Eltern wissen, was wir zu tun haben und was dem Kind guttut. Dadurch sind wir deutlich entspannter – doch das hat auch den Nachteil, dass viele Augenblicke, die beim ersten Kind noch spannend und besonders waren, gar nicht mehr bewusst erlebt werden. Was war das noch für eine Aufregung, als die Erstgeborene ihren ersten Brei bekam? Die großen Augen bei dem unbekannten Geschmack, das zufriedene Schmatzen, das abenteuerliche Kleckern … Beim zweiten Kind werden Sie feststellen, dass diese Premiere nebenher passiert und längst nicht so zelebriert wird wie beim ersten Mal.

Nathalie, Mama von Konstantin (5) und Jakob (3)

Der erste Brei

❯❯ *Bei unserem ersten Kind habe ich den ersten Brei extra auf einen Samstag gelegt, sodass auch der Papa bei diesem großen Moment dabei sein konnte. Ich pürierte die Karotte und wir waren ganz gespannt und total entzückt, als der kleine Mann auf dem Brei herumlutschte und schließlich für den zweiten Löffel den Mund aufsperrte. Wir haben eine ganze Fotoserie davon gemacht. Bei seinem kleinen Bruder gab es den ersten Brei eines Tages einfach so nebenher, unter der Woche. Und dann war er noch nicht einmal selbstpüriert, sondern aus dem Glas. Erst drei Tage später fiel mir auf, dass wir davon gar kein Foto gemacht hatten.* ❮❮

Dinge des Alltags funktionieren erfahrungsgemäß auch mit Kind – das müssen Eltern beim ersten erst erlernen.

Auch wenn sich das große Kind oft zurückgesetzt fühlt, in vielerlei Hinsicht ist es doch das Kind, nach dem viele Tagesaktivitäten ausgerichtet werden. Morgens muss die Familie rechtzeitig aufstehen, um pünktlich am Kindergarten zu sein – auch wenn das Baby eigentlich lieber länger schlafen würde. Später muss es Mittagsschlaf im Kinderwagen machen, weil der Kindergarten wieder zur richtigen Zeit erreicht werden muss. An den Nachmittagen geht es zum Kinderturnen oder zur Musikschule. Das Baby ist immer dabei und vielen Babys gefällt das auch. Ich merkte irgendwann, dass mein Kleiner sich jedes Mal riesig freute, wenn wir seinen Bruder aus dem Kindergarten abholten. Ganz besonders freute er sich, wenn der Große Besuch hatte und im Haus ordentlich Trubel herrschte. Je lauter, umso besser. Und er musste überall mithin: Beim Turnen trug ich ihn in der Babytrage, beim Musikmachen strampelte er neben uns im Takt zur Musik.

Die kleinen Geschwister profitieren von der Sicherheit der Eltern, aber die vielen ersten Male im Leben eines Kindes werden nicht mehr so beachtet wie beim ersten Kind. Von unserem großen Sohn haben wir beispielsweise sehr viel mehr Babyfotos als vom kleinen. Ich weiß, dass es bei mir und meinem kleinen Bruder ganz genauso ist. Das ist das Los der kleinen Geschwister, die dann doch in vielerlei Hinsicht einfach so nebenher laufen.

Oft bestimmt das große Kind den Tagesablauf

Wir Eltern haben nicht nur mehr Routine gewonnen, sondern die Welt dreht sich auch nicht ausschließlich um das Baby wie beim ersten Kind. Da ist nämlich auch noch das große Kind, das ebenfalls Aufmerksamkeit möchte. Und die vielen

Leslie, Mama von John (4) und Jamie (2)

Endlich Leben in der Bude!

>> *Meine kleine Tochter liebte es, wenn wir ihren großen Bruder von der Krippe abholten. Als sie kleiner war, schaute sie ihm und seinen Freunden gerne beim Spielen zu und freute sich, wenn sie ihr auch mal ein Spielzeug brachten. Als sie älter war, robbte sie neugierig ins Kinderzimmer, lutschte andächtig an einem Duplostein und war zufrieden, einfach dabei zu sein.* <<

Das Baby ist immer dabei

Das einfachste ist es, das Baby in den Alltag mit einzubeziehen. Beim zweiten Kind werden Sie schnell feststellen, dass man Babys nicht in Watte packen muss. Babys lieben es, von einem sicheren Platz aus den Größeren beim Toben zuzugucken. Das Tragetuch oder die Babytrage werden zu einem wichtigen Begleiter: Denn so ist das Baby auch auf dem Spielplatz immer dabei und hat alles im Blick. Es macht Platz im Buggy für das müde große Kind und ist ganz nah an Mama dran, sodass es sich geboren fühlt und nicht mit Reizen überflutet wird.

Regine, Mama von Jonathan (4) und Tom (2)

Von Langeweile keine Spur mehr!

>> *Die Babyzeit beim zweiten Kind war sehr viel weniger langweilig als beim ersten. Ja, obwohl ich das Babyjahr mit Jonathan sehr genossen habe, habe ich mich doch manchmal auch gelangweilt. Den ganzen Tag lang wickeln, stillen und Rasseln vors Gesicht halten war mir halt irgendwann zu wenig. Diese Gedanken hatte ich beim zweiten Kind überhaupt nicht, denn mein Großer hielt mich nachmittags so auf Trab und unterhielt seinen kleinen Bruder so rührend, dass ich gar nicht dazu kam, die Tage langweilig zu finden.* <<

Für das Baby ist das Mitlaufen nicht schlimm, es kennt das Ganze gar nicht anders. Doch viele Mütter stellen irgendwann fest: Mein Baby ist schon fast ein Jahr alt und irgendwie habe ich die Babyzeit diesmal gar nicht so richtig genossen wie beim ersten Mal. Beim zweiten Kind werden Sie das Gefühl haben, dass die Zeit noch einmal schneller vorbeirast als beim ersten Kind. Ehe man es sich versieht, macht das Baby den ersten Schritt und, schwups, ist es schon im Kindergarten. Die gemütlichen im Bett vertrödelten Vormittage wie mit dem ersten Baby wird es mit dem zweiten Kind vermutlich eher selten geben.

Anna, Mama von Luis (7) und Lena (5)

Lieber früher in den Kindergarten

>> *Als Lena auf die Welt kam, war Luis zwei Jahre alt und noch nicht im Kindergarten. Er kam dort erst mit drei hin und war somit im ersten Lebensjahr seiner Schwester zuhause. Heute würde ich das nicht noch einmal so machen, denn ich hatte einfach zu wenig Zeit, die Babyzeit zu genießen. Meine Kleine musste überall mit hin und wir hatten eigentlich nie mal ein paar Stunden Zeit nur für uns.* <•

Zeitinseln schaffen

Es hat Vorteile, wenn das große Kind bereits in den Kindergarten oder in die Krippe geht, wenn das Geschwisterchen auf die Welt kommt. Dann haben Sie zwar einen durch den Kindergartenrhythmus vorgegebenen Tagesablauf, aber auch einen Vormittag voller Exklusivzeit mit dem Baby. In diesen Momenten ist es so, als ob das Baby Einzelkind wäre, und Sie können ihm all die Aufmerksamkeit geben, die damals auch das große Kind hatte.

Sie können Babykurse besuchen wie PEKiP oder Babyschwimmen, wenn Sie das möchten. Hier lernen Sie Mamas mit anderen gleichaltrigen Babys kennen und können so einen kleinen neuen Freundeskreis rund um das neue Familienmitglied schaffen. Sie haben Zeit, das Baby nach dem Wickeln zu massieren, anstatt es schnell anzuziehen, weil die Große wieder irgendeinen Unsinn angestellt hat. Sie haben vormittags Zeit für lange Spaziergänge mit dem Kinderwagen – und sogar Zeit für sich, wenn das Baby schläft. Zeit, die Sie keinesfalls dafür opfern sollten, die Küche blitzeblank zu schrubben, sondern eher dazu, einmal durchzuatmen, die Akkus aufzuladen oder sich mit dem Baby hinzulegen, denn schon ein Stündchen Schlaf wirkt manchmal Wunder.

Aisha, Mama von Shirin (5) und Yusef (4)

Ich fühlte mich so zerrissen

>> *Es gab diese Tage, an denen ich das Gefühl hatte, keinem meiner beiden Kinder gerecht zu werden. Eines blieb immer auf der Strecke. Ich hatte ständig ein schlechtes Gewissen, eines zu vernachlässigen. Vor allem Yusef, weil er immer so zufrieden war, wenn er einfach dabei war. Weil er so unkompliziert war, habe ich mich dann intensiver um Shirin gekümmert – und hatte danach ein schlechtes Gewissen, weil ich nicht genug mit Yusef gespielt hatte. Ich kann es einfach nie allen recht machen, es ist so unglaublich schwer.* <•

Vom Großen lernen

Sicherlich werden Sie bei Ihrem zweiten Kind feststellen, dass es viele Dinge schon früher kann als sein großer Bruder oder seine große Schwester. Kinder lernen am besten durch andere Kinder und beginnen schon früh, alles nachzuahmen. Unser Kleiner hat schon als Baby immer ganz genau beobachtet, was sein großer Bruder ihm vorgemacht hat, und konnte so beispielsweise schon als Einjähriger Puzzles für Zweijährige puzzeln. Dieses Nacheifern setzt sich die ganze Kindheit hindurch fort.

Als Eltern stellt man fest – oder bekommt es von den Großen vorgeworfen –, dass man den Kleineren viele Dinge früher erlaubt. Das erste Eis gibt es früher, das erste Fernsehschauen wird früher erlaubt, länger aufbleiben dürfen die Kleinen sowieso und alleine auf die Rutsche klettern lässt man sie, sobald sie laufen können. Man weiß ja jetzt vom Großen, dass man seinem Kind nur vertrauen muss.

....

Antje, Mama von Sofia (4) und Paul (3)

Paul durfte vieles früher

>> *Bei Sofia habe ich lange genau darauf geachtet, dass sie keinen Zucker zu essen bekam. Erst mit eineinhalb Jahren bekam sie ihr erstes Eis, und Schokolade gab es noch viel später. Ihr kleiner Bruder hat mit sechs Monaten zum ersten Mal etwas von meinem Eis abbekommen und wenig später auch Bekanntschaft mit Schokolade gemacht. Dasselbe gilt für das Sandmännchen-Gucken. Den Fernseher entdeckte Sofia erst mit drei Jahren, vorher hatten wir ihr das nie gezeigt. Weil sie jeden Tag das Sandmännchen schaute, bekam Paul das schon mit, als er noch nicht einmal ein Jahr alt war. Und natürlich fand er es auch total spannend.* **◂•**

....

Tandemstillen geht tatsächlich

Ist der Altersabstand zwischen den beiden Kindern sehr gering, kann es vorkommen, dass man das große Kind noch stillt, wenn das zweite auf die Welt kommt. Viele Mütter berichten, dass sich die großen Kinder von alleine abstillen, sobald sie schwanger waren, weil sich der Geschmack der Milch in der Schwangerschaft verändere. Ärzte empfehlen meist, während der Schwangerschaft abzustillen, um dem Körper die Reserven für das Baby im Bauch zu lassen.

Tipps, um zwei Kindern gerecht zu werden

- Beziehen Sie das große Kind in die Pflege des kleinen mit ein.
- Lassen Sie das Baby in der Babytrage oder im Tragetuch am Alltag, am Spielplatzbesuch, am Kinderturnen usw. teilnehmen.
- Halten Sie bewusst die Premieren des zweiten Kindes auf Fotos fest, z. B. das erste Krabbeln.
- Zeigen Sie Ihrem großen Kind immer wieder zwischendurch Ihre Liebe durch kleine Gesten, z. B. durch Kopfstreicheln oder Drücken.
- Lassen Sie Regression (Seite 70) zu: Auch Große dürfen wieder klein sein.
- Machen Sie Ihrem großen Kind deutlich, dass man als Großer zwar mehr Pflichten, dafür aber auch mehr Rechte hat.
- Schimpfen Sie nicht dauernd mit Ihrem großen Kind, denn Babys vertragen mehr Lärm und Chaos, als Sie denken.
- Setzen Sie den Haushalt in Ihrer Prioritätenliste ganz nach unten.
- Ruhen Sie sich regelmäßig aus, wenn die Kinder ihre Schläfchen halten, und tanken Sie Kraft.

Wer keine zwei Kinder gleichzeitig stillen möchte, sollte vor der Geburt abstillen. Oft ist zu beobachten, dass das große Kind auf einmal wieder häufiger gestillt werden möchte, auch wenn es bisher nur zum Einschlafen an die Brust wollte – es sucht jetzt öfter die Nähe zur Mutter. Tandemstillen bedeutet also, dass Sie dem großen Kind weiterhin die Nähe und Geborgenheit an der Brust geben.

Das Baby sollte dabei jedoch Vorrang haben, denn es bezieht seine gesamte Nahrung aus der Brust, muss sich ausreichend satt trinken und benötigt alle Nährstoffe. Besonders in den ersten Tagen nach der Geburt, wenn der Körper das für das Neugeborene so wichtige Ko-

lostrum, die Vormilch, bildet, ist es wichtig, dass diese nährstoff- und abwehrkörperreiche Milch zuerst dem Baby zur Verfügung steht.

Müssen Sie das große Kind also ein wenig vertrösten, kann ein bisschen Lieblingsessen, vielleicht sogar eine Nuckelflasche mit normaler Milch, helfen. Manchmal muss auch der Vater einspringen und für Ablenkung sorgen.

Später können Sie die Kinder gleichzeitig anlegen. Manche Mütter berichten, dass sie die Ruhe, wenn beide Geschwister gleichzeitig trinken, sehr genießen. Andere wiederum stört es.

Wo bleibt die Zeit für mich?

Das Baby schreit. Aber bevor es an die Brust kann, muss ich erst mal dem Großen auf die Toilette helfen. Mein Blick fällt auf die volle Waschmaschine, deren Inhalt dringend aufgehängt werden sollte.

Hat man nie fünf Minuten seine Ruhe?! Kann ich nicht einfach mal die Beine hochlegen und den Kaffee trinken, solange er warm ist?! Manchmal denke ich, wie entspannt es doch mit nur einem Kind war, und wundere mich, wieso ich damals glaubte, nichts zu schaffen. Es gibt so Tage, an denen wünsche ich mir vier Hände, mindestens! Oft bleiben da nur abends ein bis zwei Stunden, die ich für mich selbst habe – je nach Einschlafzeit der Kinder. Aber wenn das Baby gerade in der Clusterfeeding-Phase ist und quasi dauergestillt werden will, fallen diese zwei Stunden auch weg.

Zeit für mich? Fehlanzeige! Das zerrt auf Dauer an den Nerven. Mit dem Resultat, dass ich immer dünnhäutiger werde. Was sich im Laufe des Tages steigert und darin gipfelt, dass ich am späten Nachmittag, wenn auch die Kinder müde sind, kurz vor dem Durchdrehen stehe. Es hilft zu wissen, dass ich da nicht alleine bin. Ich muss mit mir selbst nachsichtig sein und mich von meinem eigenen Perfektionismus verabschieden. Der Haushalt muss nicht piccobello sein. Zum Kindergartenfest reicht ein Marmorkuchen aus der Packung. Ich brauche einfach Zeit für mich. Wie erholsam können zwanzig Minuten mit einer Tasse Kaffee und einem Stück Schokolade sein, während die Kinder einfach ganz unpädagogisch vor einem Zeichentrickfilm am Computer geparkt sind. Ich habe schnell bemerkt, dass ich keine Stunden für mich brauche, sondern auch aus diesen kleinen Mini-Auszeiten Kraft schöpfe.

Mir hat nach der Geburt des zweiten Kindes Yoga geholfen, ein Kurs nur für Mütter. Die Babys kamen mit und schauten gespannt zu. Ebenfalls gut taten mir die Spaziergänge mit dem Kinderwagen, während der Große im Kindergarten war. Durchatmen, nicht nachdenken, ins Grüne schauen. Später, als beide Kinder im Kin-

dergarten waren, hat es mir geholfen, sie ab und zu eine halbe Stunde später als sonst abzuholen und vor dem Abholen ganz in Ruhe einen Kaffee zu trinken. Wenn meine Mutter auf die Kinder aufpasste, konnte ich mir auch hin und wieder einen Abend nur mit meinem Mann gönnen. Außerdem ist er oft eingesprungen und hat geholfen, Freiräume für mich zu schaffen. Denn von einer ausgebrannten Mutter hat niemand etwas. Wir müssen kein schlechtes Gewissen haben, nur weil wir auch einmal ein bisschen Zeit für uns selbst haben wollen.

Und an den Tagen, an denen ich kurz vor dem Explodieren stehe, verschaffe ich mir auch mal kurz Luft. Wie beim überkochenden Nudelwasser: Einmal Deckel hoch und alles ist wieder gut. Ich gehe dann einfach in den Nebenraum, brülle die Wand an und lasse so Dampf ab. Übrigens: Kinder verstehen mehr, als man denkt. Es wirkt manchmal Wunder, einfach zu sagen: »Mama hat so schlecht geschlafen, die muss kurz für zehn Minuten die Beine hochlegen.«

Eifersucht? Lieblingskind? Alles normal!

Die Geschwister sind ein Herz und eine Seele und kuscheln miteinander – und dann streiten sie, dass die Fetzen fliegen. Oft ist dabei auch Eifersucht im Spiel.

Die Geschwister Hand in Hand; der große Bruder, der zärtlich seine kleine Schwester küsst. Haben Sie dieses romantische Bild auch vor Augen? Diese Momente wird es geben. Aber es wird auch andere geben. Die Momente, in denen es einen als Mutter schier zerreißt, man sich fragt, wie um alles in der Welt man beiden Kindern gleich viel Zuwendung zukommen lassen kann. Schon vor der Geburt kreisen die Gedanken oft um die Frage, ob man beide Kinder gleich lieben kann. Ja, das geht! Man teilt sich nicht einfach auf – man verspürt einfach mehr Liebe. Aber das ändert nichts daran, dass man es nicht immer schafft, in allen Situationen beiden Kindern vollkommen gerecht zu werden.

Vorneweg gesagt: Ganz ohne Eifersucht geht es nicht. Denn Eifersucht ist etwas ganz Normales. Die Eifersucht zu unterdrücken, wirkt eher kontraproduktiv, haben wissenschaftliche Studien festgestellt. Wenn Eltern die Eifersucht des großen Kindes abtun oder gar bestrafen, können diese unterdrückten Gefühle weiterschwelen und zu psychischen Problemen im späteren Leben führen. Wenn also ein Kind dem anderen etwas wegnimmt oder es aus Eifersucht ärgert, bestrafen Sie es nicht, sondern sehen Sie die Aktion als das, was sie ist: ein Signal, das sagt: »Mama, ich habe Angst, dich zu verlieren.«

Schimpfen Sie also nicht, auch wenn es manchmal schwerfällt, sondern helfen Sie Ihrem Kind, seine Gefühle in Worte zu fassen: »Du ärgerst dich gerade, weil ich nicht mit dir die Eisenbahn aufbaue, sondern erst deine Schwester wickele?« Oder: »Du meinst, ich habe deinen Bruder lieber als dich, weil ich ihm mit dem

und fragte: »Machst du das jetzt, weil du wütend auf deine Schwester bist?«, hörte sie damit auf. Sie fing an zu weinen und erzählte mir, dass ich nie zu ihr gucken würde, wenn sie etwas gebaut habe. Da fiel mir auf, dass sie recht hatte. ◀

Puzzle helfe?« Zeigen Sie Verständnis. So vermitteln Sie den Kindern Einfühlungsvermögen. Aber zeigen Sie ebenso klar die Grenzen: Hauen oder Gewalt geht nicht. Verbinden Sie Ihre Botschaften immer mit einem »Ich habe dich lieb, so wie du bist«.

Ann-Marie, Mama von Emma (7) und Edda (6)

Sie wollte bloß Aufmerksamkeit

▶ *Meine große Tochter fing von einen Tag auf den anderen an, ständig ihrer kleinen Schwester die Spielsachen wegzunehmen. Am Anfang schimpfte ich, weil es mich wahnsinnig machte. Aber es wurde nicht besser. Erst als ich einmal zu müde war, um sie auszuschimpfen, und sie einfach nur in den Arm nahm*

Eifersucht äußert sich auf viele Arten

Das Gewöhnen an die vollkommen neue Lebenssituation ist für die ganze Familie Stress, besonders für das große Kind. Argumente sind meist wenig hilfreich: Sind die Kinder noch zu jung, verstehen sie die Argumente nicht, sind sie älter, überhören sie Argumente wie »Als du so klein warst, haben wir uns auch so um dich gekümmert«. Eine Umarmung zwischendurch oder ein verständnisvolles Lächeln bewirken meist mehr und geben Sicherheit. Eifersucht kann sich auf viele verschiedene Arten äußern:

Klare Äußerungen

Manchmal sind es klare Äußerungen: »Immer dreht sich alles nur ums Baby« oder »Ihr habt meinen Bruder viel lieber als mich.« Auch Forderungen wie »Ich möchte, dass meine Schwester wieder zurück in deinen Bauch geht« sind nicht selten. Solche Sätze treffen mitten ins Herz. Auch wenn es nicht einfach ist, machen Sie kein großes Drama um diese Äußerungen, sondern seien Sie verständnisvoll, formulieren Sie die Gefühle für Ihr Kind und machen Sie deutlich, wie traurig Sie wären, wenn eines der beiden Kinder wieder wegginge.

Der renommierte dänische Familientherapeut Jesper Juul rät dazu, dem Kind zu zeigen, dass man seine Sicht nachvollziehen kann: »Ja, manchmal kann so ein kleiner Bruder ganz schön nerven.« Sie müssen dem Kind nicht sagen, dass sein Verhalten nicht in Ordnung war – das weiß es sowieso. Wichtiger ist es, dass Ihr Kind weiß, dass Sie es so akzeptieren, wie es ist.

....

Claudia, Mama von Henri (8) und Bosse (7)

Können wir das Baby zurückgeben?

>> *Als Henri nach ein paar Wochen auf einmal anfing zu weinen und fragte, ob wir seinen kleinen Bruder jetzt nicht endlich wegwerfen könnten, tat es mir im Herzen weh. Er hatte bis dahin gar nicht eifersüchtig gewirkt. Aber nun merkte ich, dass er die ganze Zeit über eifersüchtig war und nur darauf wartete, dass Bosse wieder verschwinden würde und alles so wäre wie früher. Ich hätte am liebsten auch geweint und sagte ihm dann, dass ich sehr traurig wäre, wenn man ihn oder seinen Bruder einfach wegwerfen würde. Dann habe ich mehr auf ihn geachtet und ihn häufiger einfach mal so in den Arm genommen.* <<*

....

Psychosomatische Beschwerden

Neben klaren Äußerungen oder ablehnenden Reaktionen können Kinder ihre Eifersucht auch versteckter ausdrücken. Nicht selten werden größere Kinder plötzlich krank. Oft treten psychosomatische Beschwerden auf wie Bauchweh, Kopfweh oder Schlafprobleme. Halten diese Beschwerden länger an, sollten Sie mit Ihrem Kinderarzt sprechen.

Manche Kinder werden weinerlicher und dramatisieren jeden kleinen Sturz, um die Aufmerksamkeit der Eltern auf sich zu ziehen. Auch plötzliche Stimmungsschwankungen sind normal und ein Ausdruck der widersprüchlichen Gefühle, die in Ihrem Kind toben. Andere Kinder klammern stärker oder ziehen sich zurück, während wieder andere mit Hyperaktivität reagieren, um auf sich aufmerksam zu machen. Braucht Ihr Kind Beachtung, sollten Sie ihm diese schenken, indem Sie es in die Unterhaltung einbinden oder ihm kleine Aufgaben übertragen, zum Beispiel Tischdecken.

Kathleen, Mama von Monja (5)
und Selina (3)

Bei Besuch drehte sie auf

>> *Immer, wenn wir Besuch hatten, wurde
meine ältere Tochter besonders zappe-
lig, fing an laut zu singen, unterbrach
unsere Gespräche und hüpfte manchmal wie ein Derwisch durch unsere
Wohnung. Es war ganz schön anstrengend und manche Besucher verdrehten
genervt die Augen. Mir tat es jedes Mal
weh, weil ich ahnte, dass sie einfach nur
Aufmerksamkeit bekommen wollte.* ‹‹

Aggressionen gegen das Geschwisterchen

Eine andere Form, Eifersucht auszudrücken, können Aggressionen gegen das
Baby sein wie Kneifen oder Haareziehen.
Zeigen Sie klare Grenzen auf: Dem anderen wird nicht wehgetan! Seien Sie dabei
ruhig, auch wenn es manchmal schwerfällt. Schimpfen ist auch eine Form von
Aufmerksamkeit, die aber das Gegenteil
nach sich ziehen kann: Ihr Kind kneift
dann immer wieder, um die gewünschte
Aufmerksamkeit zu bekommen. Strafen
sind nicht angebracht. Ihr Kind will nicht
böse sein – es ist eifersüchtig. Helfen Sie
ihm, seine Gefühle auszudrücken.

Eine andere Form der Reaktion ist die
Regression (Seite 70). Dann fällt das
große Kind wieder in Verhaltensweisen zurück, die Sie längst überwunden
glaubten. Diese Verhaltensweisen sollten
Sie zulassen und Ihrem Kind die eingeforderte Zuwendung schenken.

Wen hast du lieber, Mama?

Kinder haben ein unglaublich feines Ge-
spür dafür, wie wir Erwachsenen miteinander sprechen und ob wir jemanden be-

Nägelkauen

Nägelkauen kann ein Zeichen von Eifersucht sein, eine Art Zuflucht und
Möglichkeit, sich abzureagieren. Die
meisten Kinder merken gar nicht, dass
sie an den Nägeln kauen, und können
es auch bewusst nicht unterlassen. Solange sich Ihr Kind dabei nicht verletzt
und nicht übermäßig gestresst ist, hilft
es, abzuwarten, die Nägel gut zu pfle-
gen und das Kind beim Nägelkauen
abzulenken. Bitten Sie es beispielsweise, Ihnen zu helfen. Setzen Sie Ihr
Kind unter Druck, wird es nur noch
schlimmer, denn das Nägelkauen ist
eine Ausweichhandlung bei Stress. Bestrafen Sie Ihr Kind also nicht, sondern
stärken Sie sein Selbstwertgefühl, indem Sie es öfter loben.

vorzugen. Natürlich dreht sich vieles um das Baby: Es ist ja so hilflos und so süß, dass es alle Blicke auf sich zieht. Dazu kommen bei uns Müttern die Hormone, die bewirken, dass frau sich am Anfang hauptsächlich auf das Wohl des Babys ausrichtet. Das hat die Natur eingerichtet, um dem Baby die bestmögliche Versorgung zu gewährleisten.

Irgendwann fällt bei vielen Kindern die so gefürchtete Frage »Wen hast du lieber?« oder der Vorwurf »Ihr habt meine Schwester lieber als mich!«. Seien Sie darauf vorbereitet. Am besten legen Sie sich eine Antwort zurecht, denn Kinder merken es, wenn Sie mit der Antwort zögern. Sagen Sie, ohne zu überlegen: »Ich habe euch beide gleich lieb.« Wiederholen Sie diese Aussage, egal, wie oft Ihr Kind diese Frage stellt. Sagen Sie nie, dass Sie ein Kind lieber haben als das andere. Und auch nicht: »Das kommt auf die Situation an«, denn das würde die Kinder nur verwirren und zu Rivalität führen. Es geht darum, den Kindern klarzumachen, dass das Herz groß genug ist, mehrere Kinder zu lieben.

....

Veronika, Mama von Ole (10)
und Karen (7)

Wen hast du lieber?

➤➤ *Als Ole mich einmal fragte, ob ich ihn oder Karen lieber habe, sagte ich schnell, dass ich beide gleich liebe. Aber er sah so enttäuscht aus, als ob er mir*

das nicht glauben würde. Da sagte ich ihm, dass er ja schon länger auf der Welt ist und ich ihn deshalb schon länger so doll lieb habe. Das hat funktioniert und ihn getröstet – er war dann nicht mehr so traurig. ◖◗

....

Gleich lieben, aber nicht gleichbehandeln

Sie können alle Ihre Kinder gleich lieben, was aber nicht bedeutet, dass Sie Ihre Kinder immer gleich behandeln müssen. Sie brauchen Ihr Handeln nicht ständig auf die Goldwaage zu legen und zu sagen: »Jetzt hatte der eine das, deshalb bekommt der andere das.« Das ständige Aufwiegen führt nur dazu, dass Sie verkrampfen, was wiederum die Kinder merken.

Eltern behandeln ihre Kinder nie ganz gleich, egal, wie sehr sie es versuchen. Schließlich haben Sie beim zweiten Kind ganz andere Erfahrungen als beim ersten Kind. Sie reagieren gelassener, als Sie beim ersten Kind reagiert hätten. So dürfen meistens die zweiten Kinder viel früher fernsehen oder Süßigkeiten essen als die ersten – die großen Kinder haben für ihre kleinen Geschwister die Grenzen ausgelotet und den Weg geebnet. Dafür sind Sie in anderen Situationen vielleicht angespannter und reagieren genervter, als Sie beim ersten Kind reagiert hätten. Es ist eine Illusion, dass man beide Kinder ständig gleichbehandeln kann. Es hilft,

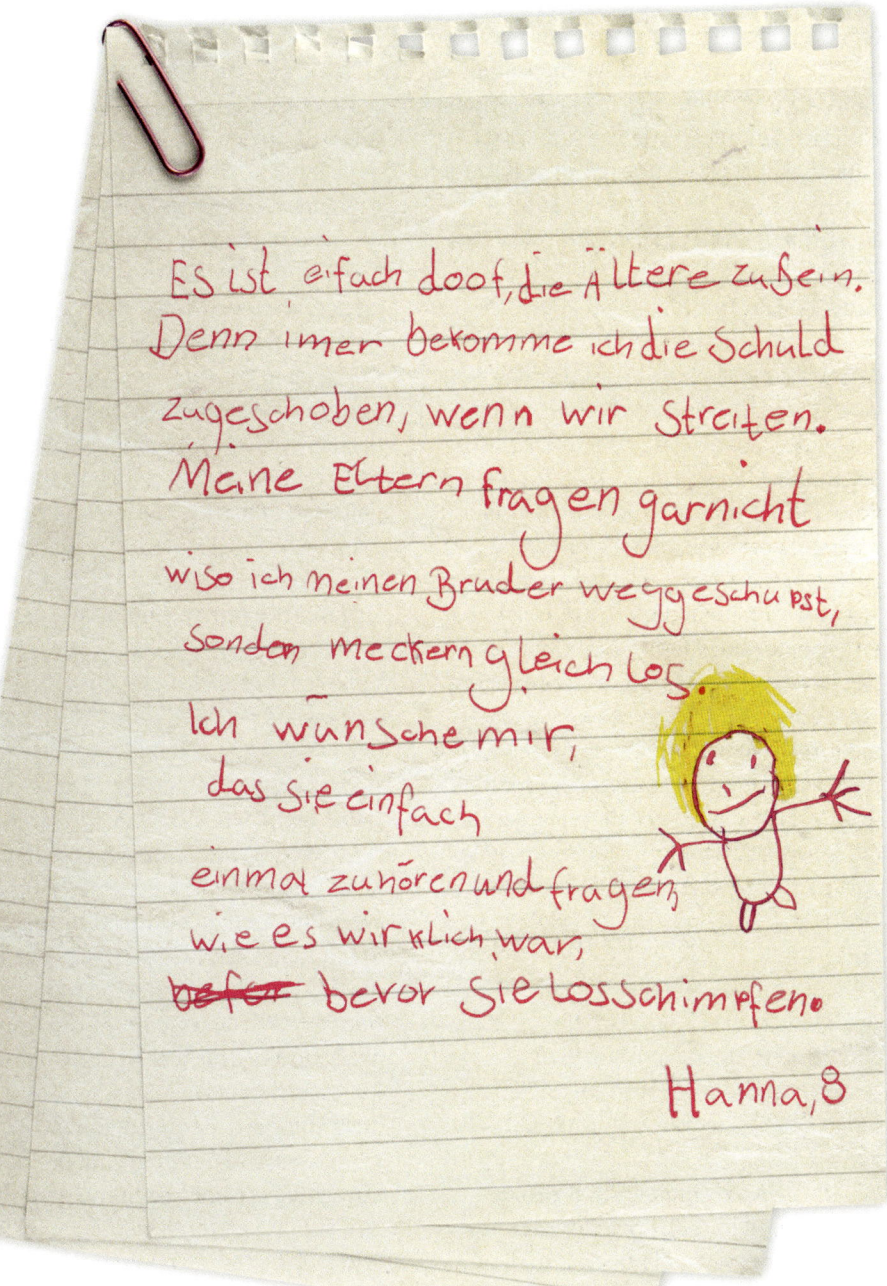

Es ist einfach doof, die Ältere zu sein.
Denn imer bekomme ich die Schuld
zugeschoben, wenn wir streiten.
Meine Eltern fragen garnicht
wiso ich meinen Bruder weggeschubst,
sondern meckern gleich los.
Ich wünsche mir,
das sie einfach
einma zuhören und fragen,
wie es wirklich war,
~~befor~~ bevor sie losschimpfen.

Hanna, 8

sich gegen die mit Sicherheit kommenden Vorwürfe der Ungleichbehandlung zu wappnen, indem Sie sich klarmachen, dass sich fast alle Kinder benachteiligt fühlen, egal ob Erst- oder Zweitgeborene – während fast alle Eltern behaupten, dass sie kein Kind bevorzugen.

Jedes Kind bekommt so viel Zuwendung, wie es gerade braucht – dem Alter und der Lebensphase angemessen. Jedes Alter hat unterschiedliche Rechte und Pflichten. Sie dürfen getrost sagen: »Dein Bruder darf das, weil er der Große ist. Wenn du so alt bist, darfst du das auch.« Aber auch genauso: »Als du so klein warst, durftest du auch nur mit dem Löffel essen. Aber jetzt bist du so groß, dass du schon super mit Messer und Gabel essen kannst.« Das schüchterne Kind braucht mehr Zuspruch und da dürfen Sie auch mal raten, die anderen einfach laut anzuschreien, wenn es geärgert wird. Einen Draufgänger dagegen sollten Sie besser mit einem »Du musst nicht immer gleich schubsen« bremsen.

Vergleiche schüren die Rivalität

Um Rivalität und Eifersucht zwischen den Geschwistern nicht noch weiter anzufachen, sollten Sie auf Vergleiche zwischen den Kindern verzichten. Vermeiden Sie Sätze wie »Schau, wie ordentlich dein Bruder aufräumt« oder »Wieso kannst du nicht mal, ohne so zu kleckern essen wie deine Schwester?«. Auch den Appell »Du bist doch schon größer und

vernünftiger« sollten Sie besser sparsam einsetzen.

Aber oft neigen wir Eltern dazu, bei jedem Streit dem jüngeren Kind Recht zu geben und das ältere mit dem Appell, es sei doch schon viel vernünftiger, dazu zu bringen, den heiß umkämpften Bagger an den kleinen Bruder abzugeben – ohne sich zu fragen, ob nicht vielleicht der Kleine dem Großen den Bagger weggenommen hat. Seien Sie ehrlich: Mit dem Spruch wollen Sie doch nur die Quengelei stoppen und gar nicht an das Sozialverhalten appellieren. Diese Bequemlichkeit kann dazu führen, dass das jüngere Kind seine Chance sieht und immer wieder die Situation ausnutzt.

Natürlich heißt es nicht, dass Sie das große Kind nicht an seine Pflichten erinnern sollten: Nur weil der anderthalbjährige Bruder noch nicht mit Messer und Gabel essen kann, darf die große Schwester noch lange nicht mit dem Löffel ihr Schnitzel essen. Mit den Pflichten sollten aber auch immer Rechte verbunden sein, die nur das ältere Kind hat. Privilegien, die das Selbstbewusstsein stärken und es für das große Kind leichter machen, zu akzeptieren, dass der kleine Bruder beim Essen noch kleckern darf, es selbst aber nicht mit dem Essen spielen soll.

Stellen Sie keine zu hohen Erwartungen und akzeptieren Sie jedes Kind so, wie es ist. Versetzen Sie sich in die Rolle der Kinder. Überprüfen Sie, ob Sie die Situation richtig erfasst haben, bevor Sie losschimpfen, denn nicht immer sind die Dinge so, wie scheinen. Ähnlich wie bei Astrid Lindgrens Michel aus Lönneberga wollen Kinder oft gar keinen Blödsinn anstellen, sondern schlicht helfen. Es liegt an uns Eltern, das auch zu sehen.

Familienregeln helfen

Eifersucht und Rivalität lassen sich nur schwer aushalten, sind aber auch genauso schwer zu verhindern. Sie liegen einfach in der Natur der Sache. Sich das einzugestehen, hilft, entspannter an das Ganze heranzugehen. Klare Familienregeln erleichtern den täglichen Umgang:

- Wir dulden kein Beleidigen, kein Hauen, Schubsen, An-den-Haaren-Ziehen und Petzen.
- Jeder darf ausreden.
- Alle helfen mit, wenn es etwas zu helfen gibt.

- Was man versprochen hat, muss man auch halten.

Dem eigenen Gewissen hilft es, wenn Sie jedem Kind jeden Tag eine kleine Exklusivzeit einräumen. Das muss keine große Unternehmung sein, eine Viertelstunde Vorlesen oder Zuhören reicht. Kinder sollten regelmäßig jeden Elternteil einmal für sich alleine haben. Und bei dem unsäglichen, immer wieder auftretenden Streit, wer auf Mamas Schoß sitzen darf, sollten Sie klar sagen: immer abwechselnd – und sich an die Abmachung halten.

Denken Sie dran: Eifersucht ist nicht dasselbe wie Boshaftigkeit. Jeder ist mal eifersüchtig, auch wir Erwachsenen. Eifersucht ist normal, genauso wie geschwisterliche Rivalität, denn Kinder messen sich nun mal ständig. Rivalität ist auch Antrieb, sich immer weiterzuentwickeln.

Checkliste zum Umgang mit Eifersucht

- Bestrafen Sie Ihr Kind nie für Eifersucht und schimpfen Sie deshalb nicht.
- Fassen Sie Gefühle Ihres Kindes in Worte, um die Empathie zu stärken.
- Zeigen Sie Grenzen auf: Gewalt geht nicht!
- Versichern Sie Ihren Kindern immer, dass Sie beide gleich lieb haben.

- Machen Sie sich nicht verrückt, beide Kinder immer gleichbehandeln zu müssen, sondern handeln Sie immer der Situation und dem Kind angemessen.
- Ziehen Sie keine Vergleiche unter den Kindern.
- Familienregeln, an die sich alle halten, erleichtern die Orientierung.

Der Traum vom Dream-Team

Eine Familie mit zwei Kindern ist wie ein vierblättriges Kleeblatt und bringt ganz viel Glück … Meistens, aber leider gibt es auch weniger schöne Momente.

Zusammenleben und Geschwister-Rooming-in

Meine Kinder gehen gemeinsam durch dick und dünn und streiten sich nie. – Diesen Traum haben wahrscheinlich die meisten Eltern. Aber immer klappt das nicht.

Es wäre ja auch zu schön: Kinder, die die besten Freunde sind und friedlich zusammen spielen, ohne dass wir Großen einschreiten müssen. Es soll tatsächlich einige dieser Fälle geben (vielleicht auch nur im verklärten Rückblick) – aber die Mehrheit der Eltern berichtet von einer anderen Realität. Ohne Streit scheint es nicht zu gehen.

Sie können Ihre Kinder nicht dazu zwingen, beste Freunde zu werden. Denn im Gegensatz zu ihren Freunden suchen sich Kinder ihre Geschwister nun mal nicht aus. Manchmal sind sie einfach zu verschieden, um wirklich gut befreundet zu sein. Und außerdem: Selbst die besten Freunde bekommen sich ab und an in die Haare.

Wir Eltern können aber ein paar Dinge tun, damit unsere Kinder sich besser verstehen. Dass sich der erst noch so heißgeliebte kleine Bruder mit Beginn der Pubertät in eine echte Nervensäge verwandeln kann, ist aber leider auch mit den besten Tricks nicht ausgeschlossen. Denn eine Geschwisterbeziehung ist einem ständigen Wandel unterworfen. Allerdings können wir von Anfang an die Weichen stellen.

Welpenschutz für Babys

Ganz am Anfang haben Babys eine Art Welpenschutz – und der hält eine ganze Weile an. Mein Großer war immer sehr vorsichtig im Umgang mit seinem kleinen Bruder. Selbst als er fünf Jahre alt war und der Kleine mit seinen drei Jahren anfing zu rangeln, schubste der Große nur ganz vorsichtig zurück. Er war auffallend zurückhaltend bei den Rangeleien,

Teilen will gelernt sein

Eine immens wichtige Fähigkeit für die Zukunft lernen Kinder schon früh durch ihre Geschwister: das Teilen. Natürlich lernen Kinder auch im Kindergarten zu teilen, etwas abzugeben und gemeinsam nach Lösungen zu suchen – aber durch ihre Geschwister lernen Kinder es von Anfang an. Sie müssen durch dieses Trainingscamp, das so wichtig für das Sozialverhalten ist.

Bei Kindern scheint eine Art Gesetzmäßigkeit vorzuliegen, ich nenne sie die »Meins-Deins-Regel«: Kinder wollen immer genau das Spielzeug haben, das der andere gerade hat. Da war der Puppenwagen tagelang uninteressant, aber wenn der kleine Bruder damit spielt, wird er auf einmal heiß begehrt. Das kann einen wahnsinnig machen: Wieso wollen die Kinder immer genau dasselbe Spielzeug in genau derselben Minute?

Das Teilen ist keine einfache Sache. Für uns Erwachsene mag es simpel klingen: Dann wechselt man sich halt ab oder teilt die Gummibärchen. Aber das will erst einmal gelernt sein. Angeboren ist die Fähigkeit, zu teilen und abzugeben, nämlich nicht. Teilen setzt eine gewisse geistige Reife voraus: Das Kind muss erst dazu in der Lage sein, sich in andere hineinzuversetzen, und sich somit vorstellen können, dass der andere eben genau diese Puppe auch unbedingt genau jetzt haben möchte. Diese Gehirnreife und Empathie

die unter Jungen auch mal etwas heftiger ausfallen können.

Am Anfang hat ein Baby noch einen eingeschränkten Bewegungsradius – doch sobald es mobil wird, wird es als Konkurrent wahrgenommen, als Gefahr für die eigenen Spielsachen. Das beginnt, sobald das Baby robben kann, und je schneller es sich fortbewegt, umso mehr wird es als Bedrohung empfunden. Ehe man es sich versieht, ist das Baby beim mühevoll zusammengebauten Duploturm angekommen und – schwupps – liegen die Duplos auf dem Boden verstreut. Dabei wollte man den Turm doch gerade der Mama zeigen! Kein Wunder, dass die großen Geschwister dann auch mal ausrasten. Und blöd, dass Babys noch keine Spielregeln verstehen.

ist erst ab einem Alter von ungefähr drei Jahren vorhanden.

Diesem Entwicklungsschritt voraus geht übrigens die bei einigen Kindern recht ausgeprägte »Meins-Phase« – die teilweise schon mit anderthalb beginnt. Auch wenn diese Phase, in der die Kinder partout nichts abgeben wollen und auf dem Spielplatz andere Kinder auch mal von der begehrten Schaufel wegschubsen, sehr anstrengend sein kann, ist sie doch wichtig für die kindliche Entwicklung. Ein schwacher Trost: Diese »Meins-Phase« ist die Voraussetzung dafür, dass die Kinder die Reife zum Teilen erlangen. Gerechtes Teilen ist sogar erst ab einem Alter von etwa sieben Jahren möglich.

Helfen Sie Ihrem Kind beim Teilenlernen

Sie können Ihren Kindern das Teilenlernen jedoch erleichtern, vor allem dadurch, dass Sie ihnen das Teilen und Abgeben vorleben. Kinder schauen sich generell ab, wie wir Erwachsenen Konflikte lösen und miteinander diskutieren. Wenn wir wollen, dass unsere Kinder einen liebevollen Umgang miteinander haben und teilen, dann sollten wir ihnen auch ein entsprechendes Vorbild sein.

Es gibt viele Bilderbücher, die altersgerecht zeigen, wie die Protagonisten sich ärgern, weil ihnen niemand etwas abgeben will, oder dass sie ganz alleine spielen müssen, weil sie mit niemandem tei-

len wollen. Beim Vorlesen der Bücher können Sie mit Ihrem Kind über die Gefühle sprechen: »Was meinst du, wieso schaut der Junge so traurig?« Solche Gespräche helfen, sich in andere hineinzuversetzen und die Gefühle anderer besser zu deuten und zu verstehen.

Regen Sie Ihre Kinder auch immer wieder zum Teilen an, denn oft kommen gerade kleine Kinder gar nicht von alleine auf den Gedanken, dass sie etwas abgeben könnten. Beim Teilenlernen ist es hilfreich, den Kindern nicht vorzugeben, was sie abzugeben haben, sondern sie selbst bestimmen zu lassen, wie zu teilen ist. So kann ein Kind die Schokolade in zwei Hälften brechen und das andere Kind entscheiden lassen, welche es möchte.

Die klare Regel, immer erst den anderen zu fragen, bevor man ein Spielzeug wegnimmt, löst ebenfalls viele Konflikte im Voraus und hilft, ein eventuelles Nein eher zu akzeptieren.

Gemeinsame Familienzeit macht stark

Um die Beziehung der Kinder und das Zusammengehörigkeitsgefühl zu stärken, helfen gemeinsame Unternehmungen als Familie wie Ausflüge am Wochenende. Aber auch tägliche Rituale wie das gemeinsame Frühstück oder Abendessen wirken positiv auf das Gefühl »Wir gehören zusammen«. So oft wie möglich sollten Sie als Familie zusammensitzen, sich gegenseitig zuhören und lachen.

Sätze wie »Ihr seid ja ein super Team!« bestärken die Kinder. Loben Sie aber nicht zu viel und heben Sie nicht ständig Banalitäten hervor. Bringen Sie aber ab und an Ihre Freude darüber zum Ausdruck, dass die Kinder so friedlich und schön zusammen gespielt haben oder die Älteren den Jüngeren so toll beim Händewaschen geholfen haben – das schweißt zusammen.

Gemeinsame Spielenachmittage stärken ebenfalls das Zusammengehörigkeitsgefühl. Möglichst oft sollten Sie Spiele spielen, bei denen alle mitmachen können. Das können altersgerechte Gesellschaftsspiele sein, aber auch genauso Lego, die Holzeisenbahn oder das Puppenhaus – Dinge, an denen Kinder über mehrere Jahre und Altersklassen hinweg ihre Freude haben. Wenn alle miteinander spielen, fühlt sich keiner ausgeschlossen. Gesellschaftsspiele helfen außerdem dabei, Regeln zu erlernen und vor allem zu lernen, diese zu akzeptieren – und auch mal zu verlieren.

Wenn die Kinder altersmäßig nicht zu weit auseinanderliegen, können Sie ihnen ab und zu auch einmal etwas gemeinsam zu Weihnachten schenken. Gemeinsame Freude ist die schönste Freude und das regt gleich zum gemeinsamen Spielen an. Ermutigen Sie Ihre Kinder auch darin, dem anderen ein Geburtstagsgeschenk zu malen oder zu basteln oder ihn mit einer Kleinigkeit zu überraschen.

Kinderzimmer – gemeinsam oder getrennt?

Mit den ersten Fortbewegungsversuchen des Babys entstehen die ersten Konflikte zwischen den Geschwistern. Nun fangen Kinder an, das eigene Reich abzugrenzen. Sollte das große Kind deshalb ein eigenes Kinderzimmer bekommen? Eine Frage, die jede Familie für sich beantworten muss.

Manchmal entscheidet das Raumangebot, dann müssen vielleicht Babybett und Babyspielsachen im Kinderzimmer stehen. Oder Sie lassen am Anfang die Kiste mit den Babyspielsachen im Wohnzimmer und das Baby schläft im Schlafzimmer. So haben wir es gehandhabt. Dadurch hatte unser Großer sein eigenes Reich. Allerdings hinderte ihn das nicht daran, trotzdem alle seine Spielsachen ins Wohnzimmer zu schleppen. Kleine Kinder spielen am liebsten dort, wo etwas los ist, wo die Eltern sind. Daher wird das eigene Zimmer in den ganz jungen Jahren auch meistens überschätzt, und eine besonders liebevolle Gestaltung entzückt eher die Mutter und die liebe Verwandtschaft als das Kind.

Ein gemeinsames Zimmer für beide Kinder?

In den ersten Jahren ist ein Kinderzimmer für beide Kinder oft ausreichend. Vor allem Geschwister mit dem gleichen Geschlecht spielen meist sowieso mit denselben Spielsachen und ein gemeinsames Spielzimmer bietet sich an.

Anja, Mama von Alina (4) und Lisa (2)

Das gemeinsame Spielzimmer ist klasse!

›› *Unsere Kinder haben ein gemeinsames Spielzimmer und ein gemeinsames Schlafzimmer. Das Praktische daran: Das Schlafzimmer ist immer aufgeräumt und im Spielzimmer kann nachts auch mal etwas liegen bleiben. Die beiden teilen sich viele Spielzeuge, ich kann gar nicht so genau sagen, wem welches gehört. Deshalb wäre es schwer, die Spielsachen auf zwei Kinderzimmer aufzuteilen. Sachen, die für Lisa noch nicht geeignet sind, haben wir einfach etwas höher ins Regal gestellt. Da die beiden fast die ganze Zeit zusammen spielen, ist es so für uns momentan die beste Lösung. Wenn sie älter sind, sollen sie gemeinsam überlegen, ob und ab wann sie getrennte Kinderzimmer haben wollen.* ‹‹

Viele Eltern berichten, dass ihre beiden Kinder besser schlafen, wenn sie gemeinsam in einem Zimmer liegen. Das ist auch nachvollziehbar: Gemeinsam fühlt man sich stärker, sicherer und nicht so alleine. Das ist gerade in der Nacht wichtig. Wenn man aufwacht und den beruhigenden Atem des großen Bruders hört, kommt einem die Dunkelheit gleich gar nicht mehr so unheimlich vor.

Aber jedes Kind ist anders und jede Familienkonstellation ist anders. Was bei der einen Familie gut funktioniert, haut bei der anderen Familie überhaupt nicht hin. Manche Kinder lenken sich abends gegenseitig viel zu sehr ab, um in Ruhe einschlafen zu können – da ist ein gemeinsames Schlafzimmer eher kontraproduktiv. Hier muss jede Familie ihren eigenen Lösungsweg finden.

Nina, Mama von Pascal (6) und Enrico (3)

Sie können nicht in einem Zimmer schlafen

›› *Unsere Kinder könnten sich kein Zimmer zum Schlafen teilen. Pascal braucht nämlich absolute Ruhe, um einzuschlafen und auch um durchzuschlafen. En-*

rico hingegen wacht ständig auf und will irgendetwas. Deshalb haben die beiden jeweils ein eigenes Zimmer. Tagsüber spielen sie aber sehr viel miteinander, mal im Zimmer des einen, mal im Zimmer des anderen. ◖

Bedürfnis nach Privatsphäre

Je älter die Kinder werden, umso wichtiger werden eigene Rückzugsgebiete, ein Platz, wo sie für sich sein können, eigene Spielzeuge, eigene Bücher, eigene Bilder an den Wänden – ein eigenes Reich haben. Kinder wollen sich voneinander abgrenzen, ihren eigenen Besitz hüten, ihre eigene Privatsphäre abstecken. Mein Spielbereich, dein Spielbereich.

Auch dieses Abgrenzen und das Entdecken der Privatsphäre ist ein wichtiger Schritt in der kindlichen Entwicklung. Als Regel sollte immer gelten: Wenn jemand für sich sein will, dann sollte er diese Privatsphäre auch gestattet bekommen. Genauso muss ein Kind es auch akzeptieren, wenn das Geschwisterkind mit seinem Besuch alleine spielen möchte und Bruder oder Schwester aus dem gemeinsamen Zimmer einfach aussperrt. Dann ist es an uns Eltern, vorher schon entsprechende Spielzeuge zu sichern, mit dem anderen Kind zu spielen und ihm Exklusivzeit zu schenken.

Monika, Mama von Erik (12) und Jan (10)

Es gibt weniger Streit

>> *Unsere Jungs hatten, bis sie sieben und neun Jahre alt waren, ein gemeinsames Kinderzimmer, obwohl wir ein freies Zimmer im Haus hatten. Bis dahin wollten sie tatsächlich ein Zimmer teilen und vor allem war es ihnen wichtig, dass sie in einem Zimmer schliefen. Manchmal haben sie sogar in einem Bett gelegen. Aber je älter sie wurden, umso mehr haben die Streitereien zugenommen. Da haben wir sie getrennt. Seitdem jeder sein Zimmer hat, streiten sie sich weniger oder gehen sich einfach aus dem Weg, wenn sie keine Lust aufeinander haben. Es ist extrem nervenschonend für alle Familienmitglieder, wenn jeder seinen eigenen Rückzugsort hat.* <<

Spätestens wenn das größere Kind in die Schule kommt, wird es einen eigenen Schreibtisch für die Hausaufgaben haben wollen, an dem es in Ruhe arbeiten kann. In der Anfangszeit hat sich ein aufgeräumter Esstisch in Küche oder Esszimmer vielfach bewährt, denn auch Sechs- oder Siebenjährige sind noch gerne mit ihren Eltern zusammen und Fragen bei den Hausaufgaben können so schnell geklärt werden. Voraussetzung ist allerdings, dass genug Ruhe für ein konzentriertes Arbeiten herrscht.

Je älter die Kinder werden, umso mehr Privatsphäre fordern sie ein. Auch bei unterschiedlichem Geschlecht und größerem Altersabstand sind zwei getrennte Kinderzimmer fast immer besser als ein gemeinsames, da die Kinder dann per se verschiedene Interessen und Vorstellungen darüber haben, wie das Kinderzimmer auszusehen hat und wie es genutzt werden sollte. Ein Achtjähriger will keine Duplos der kleinen Schwester zwischen seinen Star-Wars-Legos herumfliegen haben. Ebenso wenig begeistert ist eine Siebenjährige, wenn die Matchboxautos ihres kleinen Bruders ständig in ihrem Puppenhaus parken. Hier können zwei getrennte Räume sicher so manchen Konflikt entschärfen oder gar nicht erst auftreten lassen.

Vanessa, 14 Jahre

Endlich ein eigenes Zimmer

>> *Bis ich zwölf war, musste ich mir mit meiner kleinen Schwester das Kinderzimmer teilen. Sie ist drei Jahre jünger als ich und irgendwann fing es wirk-*

Tipps für das gemeinsame Kinderzimmer

Die erste Frage bei Platzmangel: Passt der Kleiderschrank der Kinder vielleicht ins Elternschlafzimmer oder ins Arbeitszimmer? Schon entsteht mehr Spielfläche im Kinderzimmer. Um Spielsachen des großen vor der Zerstörungswut des kleineren Kindes in Sicherheit zu bringen, helfen Spielebenen, zum Beispiel in Form von höheren Regalbrettern, die für das kleinere Kind nicht erreichbar sind. Auch müssen die Betten nicht immer einzeln an einer Ecke des Raumes stehen – Etagenbetten schaffen mehr Platz im Zimmer. Sind die Kinder älter, ziehen Raumteiler eine klare Grenze. Stellen Sie größere Regale in die Mitte des Raumes – sie können von beiden Seiten aus genutzt werden – oder Kleiderschränke oder Paravents. Die verbleibende Öffnung kann bei Bedarf mit einem Vorhang verschlossen werden, sodass jeder seinen Rückzugsort hat. Unterschiedliche Farbgestaltungen ziehen eine optische Grenze.

lich an zu nerven, dass sie überall ihre Kinderspielsachen verteilte. Wenn ich Besuch hatte, war es mir ganz schön peinlich, dass überall das Spielzeug lag – und dann diese Tierposter an den Wänden! Ich habe irgendwann keine Freundinnen mehr zu mir eingeladen. Mich hat es auch genervt, dass sie morgens immer so früh wach wurde und dann anfing, ganz laut zu spielen oder zu singen. Ich bin froh, dass wir jetzt umgezogen sind und ich ein eigenes Zimmer habe, das ich so einrichten kann, wie ich es will, und wo ich einfach meine Ruhe habe. ◄●

Wenn die Wohnung zwei Kinderzimmer nicht zulässt, kann auch ein geteilter Raum Platz für zwei Kinder bieten. Raumteiler wirken Wunder, unterteilen in zwei Spielbereiche, die jeder nach Gutdünken einrichten kann, und schaffen eine klare Grenze. Sie können offene Regale in die Raummitte stellen, einen Paravent als Grenze positionieren oder einen Vorhang aufhängen, den man zuziehen kann, wenn man ungestört sein will oder Besuch hat und der kleine Bruder grad nicht erwünscht ist.

Sex – was war das noch mal?

Erinnern Sie sich noch an den Anfang Ihrer Partnerschaft? Manchmal konnten Sie es kaum erwarten, sich ganz nahe zu sein, egal zu welcher Tageszeit und an welchem Ort.

Im Bett kann man auch noch was anderes machen als schlafen? Ach ja, war das nicht der Ort, an dem es früher so richtig heiß herging? Damals, in grauer Vorzeit. Waren das Zeiten! Und heute sind wir froh, wenn wir einfach in Ruhe schlafen können. Ohne dass uns jemand ganz nahe kommt. Sex wird eh überbewertet: Wenn das zweite Kind da ist, merken viele Eltern, wie viel Wahres in diesem Satz steckt.

Nach der Geburt wird bei Frauen erst einmal großzügig das Hormon Oxytocin ausgeschüttet, auch Kuschelhormon genannt. Durch das Stillen kommt dann noch mal eine Dosis obendrauf. Die Natur hat es clever eingerichtet: Durch das Oxytocin wird die Mutter auf das Kümmern um den Nachwuchs programmiert und nicht darauf, so schnell wie möglich das nächste Kind zu empfangen. Erst einmal aus dem Gröbsten rauskommen, dem Körper eine Pause gönnen und sich um das Baby kümmern. In der Steinzeit gab es keine Verhütungs-

mittel, da half dieser Trick der Natur, das Überleben der Babys zu sichern.

Wir Frauen können also gar nicht aus unserer Haut, wenn uns erst einmal nicht nach Sex zumute ist. Dazu kommen eventuelle Wunden von der Geburt. Doch irgendwann kommt die Lust wieder – aber das kann beim zweiten Kind tatsächlich etwas länger dauern als beim ersten. Man kommt auch einfach nicht zur Ruhe. Immer ist da ein Kind, das grad wach ist, etwas will oder braucht. Eltern können sich oft nicht einmal in Ruhe unterhalten, wie soll man da denn Zeit und Muße für ein trautes Beisammensein finden?

Um solche Zeitinseln sollten Sie sich aber bemühen. Sie können ja erst einmal mit einem Gespräch in einer ruhigen Umgebung anfangen. Wir haben lange Autofahrten genossen, wenn beide Kinder auf der Rückbank schliefen und wir mal miteinander reden konnten, ohne dass jemand

dazwischenkrähte. Ja, ich gebe es zu, wir sind auch ein ums andere Mal einen Umweg gefahren, um diese Ruhe nicht gleich aufs Spiel zu setzen.

Wir Eltern sollten nicht vergessen, dass wir zwar Mama und Papa sind – aber nicht nur! Sobald man anfängt, sich gegenseitig mit Mama und Papa anzusprechen, sollten die Alarmglocken klingen. Spätestens dann wird es Zeit für einen Abend zu zweit. Der muss nicht unbedingt mit heißem Sex enden – einfach nur die Nähe wiederaufleben lassen, kann ein guter Anfang sein. Andere Eltern berichten davon, dass es ihnen guttat, einen festen Sex-Termin einzurichten. Sex nach Terminplan hört sich zwar gar nicht sexy an, ist aber ein von vielen Paartherapeuten empfohlener Trick, um das Feuer wieder zu entfachen. Selbst wenn Mehrfacheltern weniger Sex haben als früher – das Wichtigste ist und bleibt die Nähe zueinander. Und außerdem: Wie war das noch mal mit Qualität und Quantität?

Geschwisterliebe – Geschwisterhiebe

Gerade haben die beiden noch so schön miteinander gespielt – da ertönt ein Schrei, Bausteine fliegen durchs Kinderzimmer und ein Kind kommt brüllend angerannt.

Gerade bei kleineren Kindern geht es von null auf hundert, fast explosionsartig: Eben noch friedlich ins Spiel vertieft, zieht aus heiterem Himmel der eine dem anderen das Spielzeugauto über den Schädel. Rums, wird das Puppenhaus umgeschmissen, die Kinder schreien sich an und rufen heulend nach Mama. Diese ewige Streiterei zerrt an den Nerven, sie kann eine Belastungsprobe für die ganze Familie sein. Vielleicht wirkt es beruhigend, zu wissen, dass Sie damit nicht alleine sind. Ein Zusammenleben von Menschen ist ohne Streit gar nicht möglich.

Forscher der University of Illinois haben ausgerechnet, dass sich Geschwister im Alter zwischen drei und sieben Jahren 3,5 Mal pro Stunde in die Haare bekommen. Im Alter von zwei und vier Jahren gibt es alle zehn Minuten Krach. Das kann einen wahnsinnig machen. Für die Kinder ist es nicht weniger anstrengend als für uns Erwachsene – aber gleichzeitig lernen sie mit jedem Streit Sozialkompetenzen hinzu. Kinder lernen im Umgang mit anderen Kindern, insbesondere mit so nahestehenden und konkurrierenden wie Geschwistern, andere Kompetenzen als im Umgang mit Erwachsenen. Eltern tendieren dazu, viel zu oft nachzugeben – Geschwister hingegen sind hartnäckiger, besonders bei einem geringen Altersabstand. Auch wenn so ein Streit nicht danach aussieht: Kinder lernen dadurch zu kommunizieren, zu verhandeln und gemeinsam nach Lösungen zu suchen.

Geschwisterstreit – Training für das spätere Leben

Geschwisterstreit ist eine Vorbereitung auf das Leben außerhalb der Familie: Im

einfressen. Sätze wie »Bei uns in der Familie wird nicht gestritten« sind fehl am Platz. Erstens gehen sie total an der Realität vorbei (Hand aufs Herz: Eine Familie, in der nie gestritten wird, gibt es nicht.) und zweitens gehört Streit unter Kindern zur normalen Entwicklung dazu.

Vergessen Sie nicht: Im Kindergarten können Kinder sich ihre Freunde aussuchen und den Kindern, die sie nicht mögen, mehr oder weniger aus dem Weg gehen. Zuhause klappt das nicht so gut, denn die Geschwister sind nun einmal da. Da ist es nicht immer einfach, miteinander auszukommen.

behüteten Rahmen können Kinder lernen zu streiten, zu teilen, sich zu verteidigen, nach einer Lösung zu suchen und sich wieder zu vertragen. Aber das geht natürlich nicht von jetzt auf gleich – und es braucht eine Menge Wiederholungen, bis sie verstehen, dass das An-den-Haaren-Ziehen nicht unbedingt die beste Lösung ist, wenn man an die begehrte Puppe heranwill. Brüder und Schwestern müssen schon früh lernen, gemeinsam nach Lösungen zu suchen – und damit verbunden auch, sich in andere hineinzuversetzen und die Gefühle des anderen zu verstehen oder zumindest zu akzeptieren.

Versuchen Sie – auch wenn Sie es lieber etwas ruhiger hätten – die Streitereien zu akzeptieren und nicht immer gleich zu unterdrücken. Damit riskieren Sie nur, dass Ihre Kinder jeden Ärger in sich hin-

Sie sind bestimmt nicht die einzigen Eltern mit zwei Streithähnen zuhause. Und Streit ist ganz normal und sogar gut für

· ·

Sabine, Mama von Lea (7) und Emily (6)

Von jetzt auf gleich gibt es Krach

》 *Es macht mich wahnsinnig: Eben noch haben meine Mädchen friedlich zusammen gespielt und ganz plötzlich schreien sie sich an und ziehen sich an den Haaren. Ich habe festgestellt, dass es besser ist, wenn ich gar nicht im Raum bin. Meistens beginnt dieser Streit dann, wenn ich ins Zimmer komme oder nach ihnen schaue.* **《**

· ·

die Entwicklung. Mit diesem Wissen lässt sich der tägliche Krach unter den Geschwistern schon etwas leichter ertragen.

Warum streiten sie eigentlich?

Kleine Kinder unter vier Jahren bekommen sich besonders oft in die Haare, weil der eine etwas aus dem Besitz des anderen will. Die Puppe der Schwester ist gerade besonders begehrenswert – und die Schwester will die Puppe nicht kampflos hergeben. Mangels besseren Wissens will die eine die Puppe einfach an sich reißen, während die andere sie mit aller Kraft

festhält. Zack, sind die Schwestern mitten im schönsten Streit inklusive Zetern und Schubsen.

Auch wenn diese Streitereien einen verrückt machen können, sollten wir Eltern es uns verkneifen, jedes Mal sofort einzugreifen. Viele dieser Konflikte lösen sich von selbst. Beobachtend abzuwarten wirkt manchmal Wunder. Können die Kinder ihr Problem nicht selbst lösen, sollten Sie behutsam Lösungswege aufzeigen oder noch besser das Gespräch der Kinder so moderieren, dass sie selbst auf eine Lösung kommen.

....

Renate, Oma von Lutz (8) und Laurin (6)

Am besten zwei gleiche Geschenke

>> *Am Anfang dachte ich, dass meine Enkel viel mehr davon haben, wenn ich ihnen zwei unterschiedliche Geschenke mitbringe, dann können sie auch mal tauschen. Der Schuss ging leider nach hinten los, denn beide wollten immer genau das haben, was der andere gerade hatte. Irgendwann hat meine Tochter mir davon erzählt und da habe ich einmal beiden genau dasselbe Geschenk mitgebracht. Und das funktionierte. Es gab kein Gestreite, beide spielten friedlich miteinander, obwohl (oder gerade) weil sie das gleiche blaue Auto hatten. Seitdem bringe ich immer ganz genau das Gleiche für beide mit und es gab nie wieder Streit um das Geschenk.* <<

....

Handgreiflichkeiten – wie viel ist erlaubt?

Prügeln sich Ihre Jungs mal wieder um den tollen großen Bagger? Weder der Große noch der Kleine wollen nachgeben und schon sind sie mittendrin in der

wilden Rauferei. Bevor der Kleine den Großen gegen die spitze Kante am Tisch schubst, sollten Sie einschreiten.

Auch wenn es unter Kindern je nach Alter manchmal wild aussehen kann, sind

Handgreiflichkeiten bis zu einem gewissen Grad durchaus normal. Sie müssen tatsächlich nicht bei jedem kleinen Schubser einschreiten. Kinder, die nie hauen oder schubsen dürfen, auch nicht zur Verteidigung, sind in der Schule die, die gerne von anderen gepiesackt werden. Nach dem Motto: »Der wehrt sich nie, also schnappen wir uns den!«

Besser ist es, klare Grenzen zu setzen und zu sagen, was erlaubt ist: Ein bisschen Schubsen ist okay, aber Beißen, Kratzen, in die Augen pieken und mit Gegenständen verprügeln nicht – also alles, was ernsthafte Verletzungen nach sich ziehen kann. Stecken Sie die Grenzen klar ab und dulden Sie kein Überschreiten.

»Der hat angefangen!«

Das Problem ist oft, den Auslöser für den Streit zu erkennen. Beide Kinder schieben natürlich die Schuld auf den anderen. »Der hat mir den Bagger weggenommen!« kommt von der einen Seite. Die Replik von der anderen Seite: »Der hat mich weggeschubst!« Wer hat nun recht und wer hat zuerst angefangen zu schubsen und zu stänkern? Instinktiv nehmen die meisten Eltern das jüngere Kind in Schutz und schimpfen mit dem Großen. Aber vielleicht war es andersherum? Vielleicht hat das jüngere Kind angefangen, etwas kaputt zu machen?

Natürlich gibt es Situationen, in denen die Schuldfrage ganz klar auf der Hand liegt: Wenn die kleine Schwester wiederholt einfach so die Legostadt ihres Bruders zerstört, dann dürfen Sie ihr schon ernsthaft klarmachen, dass sie das zu lassen hat. Oder wenn die Große immer wieder den Kleinen hänselt, weil seine Bauklotztürme einstürzen.

Aber schauen Sie genau hin: In vielen Streitfällen liegt die Schuldfrage nicht so klar auf der Hand. Da scheint es zwar auf den ersten Blick so zu sein, dass der große Bruder die kleine Schwester geschubst und nicht mitspielen lassen hat. Aber auf den zweiten Blick stellen Sie fest, dass die kleine Schwester das Spiel des Großen die ganze Zeit sabotiert und immer wieder etwas zerstört hat, obwohl er mehrfach ganz geduldig erklärt hat, dass er das nicht will. Da ist es doch kein Wunder, dass er irgendwann zurückschubst.

Helfen Sie, Lösungen zu finden

Auch wenn Sie kurz vor dem Platzen sind: Einfach mal loszumeckern ist nicht hilfreich. Halten Sie sich nicht lange mit Schimpfen auf, sondern suchen Sie eine Lösung. Statt automatisch einem Kind die Schuld zuzuweisen, sollten Sie sich erst einmal von beiden die Sicht der Dinge schildern lassen. Plappern beide Kinder gleichzeitig los, entscheidet das Los, wer anfangen darf.

Bewerten Sie nicht gleich, auch wenn Ihnen die mahnenden Worte schon auf der

Zunge liegen. Wir Eltern sollten nicht die Richter im Streit unserer Kinder sein. Haben Sie sich beide Versionen angehört, fassen Sie beide Sichtweisen ohne Schuldzuweisungen zusammen. Wie bei allen Gesprächen mit Kindern gilt auch hier: die Kinder anschauen, auf Augenhöhe mit ihnen sprechen, ihnen zeigen, dass Sie sie ernst nehmen.

Anschließend fragen Sie beide ganz ruhig: »Und was meint ihr, wie können wir das Problem jetzt lösen?« Je nach Alter kommen die Kinder dann, wenn sich die Lage beruhigt hat, von alleine auf kreative Lösungen. Aber nicht immer, denn das Lösungen finden will gelernt sein. Unsere Elternaufgabe ist es, diesen Lösungsfindungsprozess zu moderieren, also Hilfestellungen zu geben, die Kinder darin zu bestärken, die Sache auch mal mit den Augen des anderen zu betrachten: »Vielleicht nimmt er dir ständig die Autos weg, weil er mitspielen möchte?« Das übt, sich in andere hineinzuversetzen. Streiten Ihre Kinder um Spielsachen, schlagen Sie vor, sich abzuwechseln oder zu tauschen: Wenn ich etwas haben möchte, biete ich im Gegenzug auch etwas zum Tausch an. Diese Strategien funktionieren meistens.

Petzen sollten Sie hingegen nicht fördern und das den Kindern auch deutlich machen: »Ich will nicht hören, was dein Bruder gemacht hat, aber ich höre dir zu, wenn du mir etwas von dir erzählst.« Interesse am Kind ja – aber kein wildes Herumgepetze.

Entschuldigungen nicht erzwingen

Auch wenn man es manchmal fast reflexartig verlangt: Zwingen Sie Ihre Kinder nicht dazu, sich zu entschuldigen. Eine erzwungene Entschuldigung kommt nicht von Herzen und ein wütend gemurmeltes und nicht so gemeintes »Tschuldigung« bringt – ganz ehrlich gesagt – niemandem etwas. Kinder sind in der Regel nicht nachtragend und ebenso schnell, wie sie sich in die Haare bekommen haben, vertragen sie sich auch wieder und spielen in trauter Eintracht weiter. Hand aufs Herz: Oft fordern wir Erwachsene die Entschuldigung nur ein, weil wir uns dann besser fühlen.

Nicht weiter führt die ebenfalls oft reflexartig gestellte Frage: »Warum musst du deinen Bruder immer an den Haaren ziehen?« Was sollen die Kinder darauf antworten? Es ist eher ein als Frage getarnter Vorwurf. Der Ausspruch stimmt in seiner Absolutheit nicht, genauso wenig wie die rhetorische Frage »Wieso kannst du deine Schuhe nie richtig herum anziehen?«. In den meisten Fällen klappt es ja. Uns fallen nur die Fälle auf, in denen es nicht klappt.

Spätestens wenn Sie schimpfen, merken Ihre Kinder, dass sie etwas Schlimmes gemacht haben und dass es Ihnen damit nicht gut geht. Gleichzeitig fühlen sie aber nicht nur ihr Verhalten kritisiert, sondern auch sich als Person – daran sollten Sie beim Schimpfen denken. Kritisieren Sie nicht Ihr Kind als Person, sondern nur sein Verhalten. Das Kind sollte selbst im Streit wissen, dass Sie es lieben.

Nicht einmischen wirkt Wunder

Es tatsächlich ein Phänomen: Oft spielen Kinder friedlich miteinander, solange sie sich nicht von ihren Eltern beobachtet fühlen oder die Eltern gar nicht anwesend sind. Denn dann müssen sie nicht um ihre Aufmerksamkeit buhlen.

Aber auch sonst können Sie bestimmten Streitsituationen vorbeugen. Besonders nachmittags ab 17 Uhr, wenn die Kinder müde und quengelig sind und der Blutzucker im Keller ist, ist die Stimmung schnell gereizt. Es ist noch zu früh für das Abendbrot, aber Hunger haben sie trotzdem. Hier hilft eine kleine Obstrunde, die den Hunger stillt, aber nicht zu satt für das Abendessen macht. In diese Zeit sollten Sie besser auch keine anstrengenden Aktivitäten mehr legen, sondern den Tag entspannt ausklingen lassen, ohne Druck und Hektik.

Eine andere typische Situation: Sie sind am Essenkochen, Ihre Kinder streiten und die Situation ist so angeheizt, dass Sie fast durchdrehen. Da öffnet sich die Tür, der Papa kommt herein und das Merkwürdige passiert: Die Streithähne beruhigen sich von einer Minute auf die andere, laufen freudig dem Vater entgegen und jeglicher Streit ist vergessen. Der denkt natürlich, dass Sie mal wieder übertreiben. Kleiner Trost für alle genervten Mütter: Wenn Sie so lange außer Haus wären wie er, wäre es genau umgekehrt.

Diese typischen Situationen zeigen, dass viele Streitigkeiten mit ein wenig Ablenkung schnell gelöst sind. Dann nämlich ist der Grund des Krachs ruckzuck vergessen.

Schimpfen heizt den Streit zusätzlich an

Oh ja, ein richtiger Geschwisterkrach kann einen gewaltig auf die Palme bringen! Auch wenn man versucht, sich nicht einzumischen – es berührt einen doch immer wieder auch persönlich, wenn die eigenen Kinder sich nicht vertragen. Es geht einem nahe, wenn sie sich anbrüllen und gegenseitig beschimpfen, man ist irgendwie innerlich beteiligt.

Bei solchen Gelegenheiten sollten Sie nicht einfach zurückbrüllen, auch wenn Ihnen danach ist. Das macht nichts besser. Dann brüllen drei statt zwei, und es wird nur noch lauter. Stattdessen empfiehlt es sich – wenn keine gefährlichen Handgreiflichkeiten in Anmarsch sind –, einfach tief durchzuatmen und still bis zehn zu zählen, bevor Sie sich einmischen. Und tatsächlich: Manchmal hat sich dann der Streit schon wieder gelegt – und falls nicht, ist zumindest die eigene Wut etwas geringer. Abstand hilft. Sind die Streithähne schon älter, können Sie ihnen auch einfach mal den Rücken zudrehen, kurz in den Nebenraum gehen und eine Tasse Kaffee trinken. Lauschen Sie dabei, ob das Gezeter nicht in eine veritable Rauferei mit gefährlichen Gegenständen ausartet. Sie können sich auch einfach in Ruhe aufs Klo verziehen. Tatsächlich lösen sich viele Probleme von alleine – leider nicht immer, aber einen Versuch ist es wert.

Auch durch das Verteilen von Aufgaben können Sie einen Streit ganz schnell entschärfen. Bevor Sie anfangen zu schimpfen, tragen Sie dem einen Kind auf, das Bonbonpapier wegzuwerfen, während das andere Kind das umgeworfene Fahrrad wieder aufrichten soll. Beide sind beschäftigt und schon ist die Aggressivität verschwunden.

Gerade bei kleineren Kindern unter drei Jahren kann auch ein ganz einfacher Trick helfen: Nehmen Sie den Streitgegenstand einfach weg. Nach dem Motto: »Wenn ihr euch nicht einigen könnt, dann bekommt das Auto keiner.« Ehe man es sich versieht, haben sich die Kinder dann auf einmal verbündet und stehen gemeinsam für eine Sache ein.

Dampf ablassen ohne körperliche Gewalt

Manchmal sind Kinder so geladen, dass sie am liebsten alles kurz und klein prügeln würden, auch den Bruder oder die Schwester. Dagegen hilft es, den Kindern Strategien zum Abreagieren beizubringen: Ihr Kind kann sich zum Beispiel ein Kissen holen, in das es hineinbrüllt oder -schlägt, das es an die Wand klatschen und beschimpfen darf. Eine alte Zeitung, die Ihr Kind nach Herzenslust zerfetzen darf, wirkt ebenfalls Wunder beim Abreagieren: besser die Zeitung kaputt machen als die Burg oder das Auto des kleinen Bruders.

Dass sich die Kinder gegen die Eltern verbünden, ist auch etwas, was Sie mit zunehmenden Alter immer wieder sehen werden: »Gemeinsam sind wir stark und können neue Regeln durchsetzen – oder die alten Regeln zumindest ein bisschen aufweichen.« Viele Geschwister entwickeln auch eine Art Geheimcode, den kein Außenstehender versteht – und können sich kringelig über ihre eigenen Insiderwitze lachen.

Tipps, wenn Kinder sich zoffen

- Unterdrücken Sie den Streit nicht. Die Kinder lernen dadurch.
- Greifen Sie nicht immer sofort ein, sondern beobachten Sie und warten Sie ab.
- Schreiten Sie nur ein, wenn ernsthafte Verletzungen drohen.
- Schimpfen Sie nicht einfach los und vermeiden Sie automatische Schuldzuweisungen. Hören Sie erst einmal beiden zu.
- Suchen Sie gemeinsam nach einer Lösung suchen und beziehen Sie die Kinder dabei mit ein.
- Unterbinden Sie Petzen.
- Erzwingen Sie keine Entschuldigungen.
- Verteilen Sie Aufgaben an die Streithähne, um die Situation zu entschärfen.
- Humor wirkt deeskalierend.
- Klare Regeln wie »Immer erst fragen, nicht einfach wegnehmen« erleichtern das Zusammenleben.
- Leben Sie als Eltern die Streitkultur vor, die Sie sich von Ihren Kindern wünschen.
- Spielen Sie die Kinder nie gegeneinander aus und ziehen Sie vor ihnen keine Vergleiche.

....

Matthias, Papa von Per (13) und Piet (10)

Ein Eimer zum Abreagieren

❯❯ *Wenn mir die Schimpfwörter zu doll wurden, habe ich meinen Kindern immer einen Eimer gereicht. Das war der Schimpfeimer, in den sie ihre Schimpfwörter hineinbrüllen sollten. Das hatte den angenehmen Nebeneffekt, dass sich das so lustig anhörte, dass beide Kinder anfingen zu lachen und der Streit sich schnell legte.* ❮❮

....

Eltern leben Streitkultur vor

Wir Eltern sollten eines nicht vergessen: Wir sind Vorbilder für unsere Kinder. Die Streitkultur, die wir ihnen vorleben, übernehmen sie auch. Wenn wir ständig in die Luft gehen, uns anschreien und unfaire Dinge an den Kopf werfen, müssen wir uns nicht wundern, wenn unsere Kinder diese Verhaltensweisen von uns übernehmen.

Ohne Streit geht das Zusammenleben aber leider nicht. Ständig jeden Streit und Konflikt zu unterdrücken, ist deshalb keine Lösung. Stattdessen sollten wir unseren Kindern eine faire Streitkultur vorleben: ihnen zeigen, wie man miteinander diskutiert, ohne sich verbal zu verletzen. Wie man Konflikte und Meinungsverschiedenheiten fair löst und gemeinsam nach Lösungen sucht. Wie man Kompromisse eingeht, auch mal nachgibt und sich entschuldigt. Kinder ahmen viele unserer Verhaltensweisen nach: Sie sehen, wie man sich entschuldigt, dass man sich nicht gegenseitig verletzt und vor allem nicht nachtragend sein sollte.

Außerdem leben wir vor, welche Schimpfwörter sich unsere Kinder an den Kopf werfen. Natürlich werden im Kindergarten noch allerhand spaßige Wörter hinzukommen – aber den Grundstock des Vokabulars legen wir zuhause. Wenn wir beim Autofahren also ständig das »SCH-Wort« vor uns hin murmeln und jeden Autofahrer als »Penner« oder gar »A-Loch« beschimpfen, müssen wir uns nicht wundern, wenn unsere Kinder eines Tages auch damit herausplatzen.

Den Umgang, den wir uns wünschen, müssen wir unseren Kindern also vorleben. Klare Familienregeln helfen dabei:

- Wir begrüßen und verabschieden uns alle mit einem Kuss.
- Wir wünschen uns alle einen guten Appetit.
- Wir lassen uns ausreden.
- Wir sagen immer bitte und danke.

Leben wir Erwachsenen Verständnis, Respekt und gegenseitige Wertschätzung vor, übernehmen das auch die Kinder.

Geschwisterrivalität vermeiden

Viele Streitereien entstehen, weil sich die Geschwister in ständiger Rivalität zueinander sehen und übertrumpfen und ausspielen wollen. Eine gewisse Rivalität ist ganz normal und auch gesund, da sie auch als Entwicklungsmotor fungiert: Das kleinere Kind eifert dem größeren nach und schaut sich so Dinge ab und erlernt sie.

Entsteht die Rivalität jedoch aus einem tiefen Ungerechtigkeitsgefühl, kann dies die Geschwisterbeziehung langfristig belasten. Dazu kann es kommen, wenn die Kinder ungerecht behandelt werden, ein Kind etwa ständig bevorzugt wird.

Verzichten Sie auf Vergleiche

Auch wenn Eltern ein Kind ständig überfordern oder mit dem Geschwisterkind vergleichen, wird die Rivalität unter den Geschwistern befeuert. Eltern sollten deshalb grundsätzlich auf Vergleiche zwischen den Kindern verzichten. Sätze wie »Schau mal, dein Bruder räumt immer so toll auf« oder »Deine Schwester konnte sich schon die Schuhe alleine anziehen, als sie so alt war wie du« erhöhen nur den Konkurrenzdruck. Bei einem geringen Altersabstand und gleichem Geschlecht ist die Konkurrenzsituation nochmal ausgeprägter.

Ganz wichtige Regel für Mehrfacheltern: Wir Eltern sollten unsere Kinder nie ge geneinander ausspielen. Jedes Kind hat sein eigenes Entwicklungstempo, das Sie ihm zugestehen sollten, und jedes Kind hat seine eigenen Stärken und Schwächen. Vergleiche führen zu einem erhöhten Konkurrenzdruck, Wut und auch Neid auf das Geschwisterkind – und fachen Streitereien nur noch weiter an. Auch wenn es manchmal so einfach ist: Selbst als Ansporn sollte der Konkurrenzkampf unter Kindern nicht angeheizt werden.

Vor allem, wenn die Kinder älter sind, ist es ratsam, das heikle Thema Schulnoten nur unter vier Augen zu besprechen – was Lob genauso wie Tadel betrifft. Messen Sie die Leistungen des Kindes nicht an denen seines Bruder oder seiner Schwester, sondern an den eigenen Leistungen. Die Drei der Tochter, die sich mit Mathe sonst schwertut, ist nicht mit der Eins des mathematisch begabten Bruders zu vergleichen. Das eigene Können ist der Maßstab.

Sagen Sie deutlich, was Sie erwarten

Beschäftigen Sie sich nur mit dem Kind, mit dem Sie gerade sprechen, und beziehen Sie sich nur auf die jeweilige Situation. Dabei geht es nicht darum, das Kind mit Vorwürfen zu brüskieren, sondern die Situation zu beschreiben. Statt dem Kind ein »Wieso kannst du nie den Geschirrspüler ausräumen?« entgegenzuschleudern, stellen Sie einfach fest: »Jetzt

wollte ich das schmutzige Geschirr in den Geschirrspüler einräumen, aber der ist ja noch gar nicht ausgeräumt.« Dem Kind, das gerade mit Geschirrspülerausräumen dran war, sagen Sie dann möglichst konkret, was zu tun ist: »Damit ich heute Abend kochen kann, musst du noch das Geschirr ausräumen, denn du bist heute an der Reihe.«

Macht sich das größere Kind über sein Geschwisterchen lustig, weil das zum Beispiel noch nicht so gut sprechen kann, sollten Sie das unterbinden und klar machen: »Wir lassen es nicht zu, dass du dich auf Kosten deiner kleinen Schwester lustig machst, weil es ihr wehtut und sie verletzt.«

Geschwister sind unterschiedlich

Immer wieder sind Eltern überrascht, wie unterschiedlich ihre Kinder sind – wie kann denn das sein, wo sie doch dieselben Eltern haben?

Biologisch gesehen geben Vater und Mutter je 23 Chromosomen an ein Kind weiter. Diese 46 Chromosomen beherbergen 20 000 bis 100 000 Gene. Die Gene sind verantwortlich für Stoffwechselvorgänge, Augenfarbe, Intelligenz, Haarfarbe ... Aber bestimmen die Gene auch den Charakter? Sagen die Gene etwas darüber aus, ob ein Mensch musikalisch oder technisch interessiert ist, schüch-

Raus aus dem Rollenkorsett!

»Das ist unser Klassenkasper« – gerade in die Rolle des Quatschmachers kommen Kinder oft unfreiwillig. Eine andere oft zugeschriebene Eigenschaft: »Der macht ja eh alles kaputt.« Oft ist es eine Art Teufelskreis, in den die Kinder schuldlos geraten, denn es sind Eltern, Lehrer und Erzieher, die Kinder in diese Rollen drängen. Alleine kommen Kinder da nur schwer wieder heraus. Sie können Ihrem Kind dabei helfen, indem Sie Ihr eigenes Handeln überdenken: »Wie oft weise ich meinem Kind diese Rolle zu? Welche Eigenschaften hat mein Kind?« Wenn Ihnen überwiegend negative Eigenschaften einfallen, sollten Sie sich bewusst die positiven in Erinnerung rufen und diese immer wieder betonen. Das hilft, den Teufelskreis »Schwarzes Schaf« zu durchbrechen. Statt loszuschimpfen, wenn Ihr Kind die Burg des Bruders zerstört, fragen Sie sich erst einmal: Wieso ist mein Kind so wütend?

tern oder draufgängerisch? Schlussendlich ist diese Frage noch nicht geklärt, aber es scheint, so der aktuelle Stand der Forschung, dass die Gene eine Art »Bauplan der Persönlichkeit« darstellen: Temperament und die Art und Weise, wie man auf Erlebnisse reagiert, scheinen durch die Gene bestimmt zu sein. Das merken Eltern auch: Schon Babys haben ein unterschiedliches Temperament, das sich bereits in den ersten Lebenswochen zeigt.

Das Temperament beeinflusst die Erfahrungen, die Babys und kleine Kinder machen. Mutige Babys machen andere Erfahrungen als zurückhaltende Babys. Diese Erfahrungen beeinflussen wiederum das Lernen und die Art, wie man auf Menschen zugeht.

Die Erziehung, so sagen verschiedene Studien, hat eher wenig Einfluss auf die Persönlichkeitsentwicklung. Sie lässt sich aber durch eine stabile und liebevolle Eltern-Kind-Beziehung positiv beeinflussen. Musikalität und Religiosität hingegen scheinen eher eine Erziehungssache zu sein. Auf die Persönlichkeitsentwicklung wirken Faktoren wie Gene, soziales Umfeld und wirtschaftliche Verhältnisse stärker als die Erziehung der Eltern.

Geschwister wollen sich abgrenzen

Trotzdem ist immer wieder festzustellen, dass Geschwister sich völlig unterschiedliche Rollen suchen. Woran liegen diese scheinbar so unterschiedlichen Interessen? Psychologen nennen es »De-Identifikation«; Geschwisterkinder grenzen sich voneinander ab: »Ich will nicht so sein wie du, weil ich ich bin«, ein eigenständiger Mensch und keine Kopie. Deshalb besetzen Kinder oft so unterschiedliche Rollen in der Familie. Ist die Rolle des braven Bücherwurms schon vergeben, sucht sich das zweite Kind oft die Rolle des Wildfangs. Wenn in der Familie schon eine Sportskanone ist, sucht sich das zweite Kind die Musik oder wird zum Computerfreak. Diese De-Identifikation geschieht unterbewusst. Dadurch wird die Rivalität klein gehalten – was unterschiedlich ist, kann schlecht miteinander verglichen werden. Aber egal, wie unterschiedlich Geschwister sind: Sie können trotzdem wunderbar zusammen spielen und ein tolles Team sein, sie lernen voneinander und ergänzen sich.

Dennoch sollten wir Eltern vorsichtig sein, unseren Kindern Rollen und damit verbundene Erwartungen zuzuschreiben – so nehmen wir unseren Kindern Entwicklungsmöglichkeiten. Wir sollten unsere Kinder nie nur auf wenige Eigenschaften beschränken, sonst nehmen unsere Kinder diese Rollen immer wieder ein und probieren sich nicht in anderen Rollen aus. Schon gar nicht sollten wir unsere Kinder in die Rolle des Sündenbocks drängen. Die Rollen aus unserer Kindheit begleiten uns oft bis ins hohe Alter und sind nur schwer abzuschütteln.

Gemeinsam in dieselbe Kindergartengruppe?

Je nach Altersunterschied stellt sich die Frage, ob Sie Ihre Kinder in eine gemeinsame Kindergartengruppe geben sollten oder besser in zwei getrennte Gruppen.

Diese Frage lässt sich nicht pauschal beantworten – und viele Eltern und Erzieher handhaben sie unterschiedlich. Denn wie so vieles ist die Antwort vom Charakter der Kinder abhängig und auch davon, wie der Kindergartenalltag gestaltet ist. Einige Kindergärten haben altersübergreifende Familiengruppen, sodass sich diese Frage auch durchaus bei Kindern stellen kann, die zwei oder mehr Jahre auseinander sind.

Stehen Sie vor der Entscheidung, sprechen Sie die Frage nach der gemeinsamen oder nicht gemeinsamen Gruppe bereits bei der Kindergartenanmeldung an und versuchen Sie, mit den Erziehern gemeinsam eine Lösung zu finden. Nicht wenige Kindergärten verfahren in dieser Frage übrigens ganz pauschal nach dem Grundsatz, die Kinder auf zwei verschiedene Gruppen aufzuteilen. Aber nicht bei al-

len Einrichtungen ist das so, weshalb Sie diese Frage so früh wie möglich ansprechen sollten, um gemeinsam eine Lösung zu finden, die zu Ihren Kindern passt.

....

Lydia, Erzieherin in einer städtischen Kita

Wir entscheiden von Fall zu Fall

>> Melden sich bei uns Zwillingseltern oder Eltern von Kindern mit so einem geringen Altersabstand an, dass sie in dieselbe Gruppen gehen könnten, dann entscheiden wir abhängig von den Kindern, ihrem Charakter und der Gruppensituation, ob die Kinder in eine gemeinsame Gruppen gehen sollten oder nicht. Ich weiß, dass einige Kindergärten ganz pauschal die Kinder trennen, aber gerade bei schüchternen Kindern

Getrennte Gruppen für die individuelle Entwicklung

Viele Eltern und Kindergärten tendieren dazu, die Kinder in zwei verschiedenen Gruppen unterzubringen, um ihnen so die Möglichkeit zu geben, sich unabhängig voneinander zu entwickeln. Gerade bei Zwillingen, die sehr in ihrer eigenen Zwillingswelt leben, wird das empfohlen, ebenso bei Geschwistern, die altersmäßig nicht weit auseinander sind und die sehr aneinanderkleben. Das ermöglicht den Geschwistern, dass jedes seine eigenen Freunde findet, das eigene Lieblingsspielzeug entdeckt und sich frei entfaltet, ohne sich ständig an dem Bruder oder der Schwester zu orientieren oder sich gar an das Geschwister anzuklammern. So haben beide Kinder eine eigene Welt, eigene, individuelle Erlebnisse, von denen sie am Abendbrottisch erzählen können.

kann es helfen, wenn sie Unterstützung haben und sich nicht so einsam fühlen. Allerdings sollte man abwägen, ob sie die Anwesenheit ihres weniger schüchternen Geschwisterkindes nicht vielleicht sogar noch mehr isoliert, weil sie viel zu sehr aufeinander fixiert sind. Wir entscheiden immer individuell und gemeinsam mit den Eltern. Es kommt auch ab und zu vor, dass wir die Entscheidung nach einigen Monaten rückgängig machen, weil wir feststellen, dass es nicht die beste Entscheidung für das Kind war. Dabei steht immer das Wohl der Kinder im Mittelpunkt. ◂

••

Yvonne, Mama von Nele (6) und Juri (4)

Die andere Gruppe tat ihm gut

❯❯ *Unsere Kinder sind zwei Jahre auseinander und wir haben unseren Sohn ganz bewusst in einer anderen Gruppe angemeldet als unsere Tochter. Das war die richtige Entscheidung, denn er konnte seine Freundschaften so sehr viel freier knüpfen und stand nicht unter der ständigen Kontrolle seiner Schwester – die mischte sich näm-*

lich sonst immer gerne in seine An-gelegenheiten ein. Als sie dann in die Schule kam, wurde er noch ein Stück freier und selbständiger. Ich hatte erst Angst, dass er ihr hinterherjammern würde, aber genau das Gegenteil war der Fall. ◂▸

Nicht nur, wenn die Kinder sehr aneinan-derklammern, sondern auch wenn bei-spielsweise das größere Kind das klei-nere oft unterbuttert oder ihm quasi »befiehlt«, wie zu spielen ist, ist es rat-sam, die Kinder auf zwei Gruppen aufzu-teilen. Auch wenn das kleinere Kind dem größeren alles nachmacht und keine Au-gen für andere Kinder hat, sollten Sie die Geschwister nicht in einer gemeinsamen Gruppe unterbringen, um dem kleineren Kind so freiere und unabhängigere Ent-wicklungen und Erfahrungen zu ermög-lichen.

Geschwister geben Sicherheit

Doch es gibt auch Gründe für eine ge-meinsame Kindergartengruppe. So ge-wöhnen sich kleinere Geschwister oft leichter ein und sie fühlen sich sicherer, wenn der große Bruder oder die große Schwester in der Nähe ist. Dem jüngeren Geschwisterkind alles zeigen zu können und helfen zu können, kann das Selbstbe-wusstsein der älteren Kinder steigern.

Sandra, 45 Jahre

Mein Bruder hat mir Halt gegeben

❯❯ *Wenn ich zurückblicke auf meine Kind-heit, dann sehe ich, dass für mich der Start in den Kindergarten einfa-cher war, weil mein Bruder in dersel-ben Gruppe war wie ich und mir Halt gab. Ich bin 16 Monate jünger als mein Bruder, und er war schon immer ein Draufgänger, während ich immer die Schüchterne war. Mir gab es damals viel Sicherheit und er fühlte sich da-durch stark und wichtig.* ◂▸

Oft beobachten Eltern und Erzieher, dass Geschwister, die in dieselbe Kindergar-tengruppe gehen, in der Kita ein ganz an-deres Spielverhalten zeigen als zuhause: Statt ständig in Streit auszubrechen wie daheim, können sie im Kindergarten oft über lange Zeiträume friedlich miteinan-der spielen.

Eine gemeinsame Kitagruppe ist ganz nebenbei auch praktisch für uns Eltern, weil wir dann nur einen Elternabendter-min und eine Weihnachtsfeier haben – aber natürlich sollte der (verständliche) Wunsch nach Bequemlichkeit nicht der ausschlaggebende Grund sein.

Entscheiden Sie sich für eine gemein-same Kindergartengruppe, achten Sie da-rauf, dass Ihre Kinder auch mit anderen Kindern spielen und sich nicht so aufeinander fixieren, dass sie keinen Anschluss bekommen. Jedes Kind sollte selbständig in der Gruppe agieren können, eigene Spielkameraden gefunden haben und wenn der Bruder mal krank ist, nicht ganz alleine in der Ecke sitzen.

Wie Sie sich letztlich entscheiden, sollten Sie gemeinsam mit den Erziehern abwägen – vereinbaren Sie ruhig einige Wochen nach der Eingewöhnung ein Gespräch darüber, ob es die richtige Entscheidung war. Viele Kinder machen gerade in den ersten Kindergartenwochen einen großen Entwicklungsschritt nach vorn, denn im Kindergarten lernen Kinder ganz praktische Dinge fürs Leben. Die Großen lernen Verständnis für die Kleinen und Geduld, die Kleinen schauen sich konkrete Fähigkeiten von den Großen ab.

....

Antje, Mama von Sofia (4) und Paul (3)

Es wurde nicht besser im Kindergarten

» *Meine Kinder haben sich zuhause ständig gestritten. Ich dachte, dass es im Kindergarten vielleicht besser wird, weil mir das eigentlich alle sagten. Sie kamen in eine Familiengruppe, wo Kinder von zwei bis fünf Jahren waren. Aber statt sich besser zu verstehen und vielleicht auch neu kennenzulernen, ging der Schuss nach hinten los. Sie stritten sich noch mehr, im Kindergarten und zuhause, und waren regelrecht*

gestresst voneinander. Wir trennten sie also und seitdem verstehen sie sich auch zuhause viel besser: Die Pause, die sie vormittags voneinander haben, tut ihnen gut. **◄◄**

....

Kinderfreundschaften sind wichtig

Auch wenn Geschwister ein Herz und eine Seele sind und am liebsten miteinander spielen, ist es wichtig, dass sie früh lernen, Freundschaften zu knüpfen und mit anderen Kindern zu spielen. In den ersten drei Lebensjahren spielen Kinder meist noch mehr oder weniger nebeneinander her, statt wirklich miteinander zu agieren. Aber selbst Babys finden andere Babys faszinierend und lieben es, anderen, auch größeren Kindern aufmerksam zuzuschauen.

Erst gegen Ende des dritten Lebensjahres fangen Kinder an, miteinander ins Gespräch zu kommen und wirklich miteinander zu spielen und zu interagieren. Ab dann entwickeln sich die ersten echten Kinderfreundschaften. Am Anfang sind sie eher kurzlebiger Natur, dauern etwa so lange, wie ein Spiel dauert, und können auch im Spiel auf einmal beendet werden, weil ein Verhalten nicht passt. Kinder merken aber schnell, dass gemeinsam zu spielen mehr Spaß macht als alleine und dass sich Ziele gemeinsam leichter erreichen lassen.

Abgrenzen von der Erwachsenenwelt

Kinderfreundschaften sind die erste Möglichkeit, sich von der Welt der Eltern abzugrenzen. Es sind die ersten Schritte in die Selbständigkeit.

Wenn Kinder Geschwister haben, sind Freundschaften zu anderen Kinder meist der erste Test, auch außerhalb der Familie Konflikte zu lösen. Dieses Testgelände sollten Sie Ihren Kindern nicht vorenthalten, denn es ist wichtig für die gesamte spätere Entwicklung. Achten Sie darauf, dass Ihre Kinder ihre eigenen Freunde finden und nicht nur aufeinander fixiert sind. Wählen Sie im Zweifelsfall getrennte Kindergartengruppen oder sogar verschiedene Kindergärten.

....

Nadine, Mama von Lutz (8) und Laurin (6)

Laurin hatte keine eigenen Freunde

>> *Meine Kinder waren schon immer unzertrennlich. Sie sind zwei Jahre auseinander und der Große kümmerte sich immer rührend um seinen kleinen Bruder. Wir dachten, das würde Laurin helfen, sich schneller im Kindergarten einzuleben, und deshalb entschieden wir uns für dieselbe altersübergreifende Gruppe. Am Anfang war das tatsächlich eine gute Sache, denn Lutz zeigte Laurin alles, bezog ihn ins Spiel ein. Die Eingewöhnung war dadurch viel einfacher, als wir erwartet hatten. Aber nach drei Monaten stellten wir fest, dass Laurin keine eigenen Kontakte geknüpft hatte. Als Lutz eine Woche lang krank zuhause war, wusste Laurin im Kindergarten nichts mit sich anzufangen, konnte mit niemanden spielen, weil er keine eigenen Freunde hatte und die Freunde seines Bruders ihn nur akzeptierten, wenn Lutz dabei war. Da haben wir uns entschieden, ihn in einen anderen Kindergarten zu geben. Dort blühte er auf und ist seitdem viel offener.* <<

....

Ein Kompromiss können Kindergärten mit halboffenen Gruppen sein, in denen die Kinder im freien Spiel ihre Spielräume altersübergreifend selbst suchen können. Die altersgerechten Aktivitäten wie Basteln, Singen, Vorlesen oder auch gemeinsame Mahlzeiten finden dann in den jeweiligen Gruppen statt. So können sich die Geschwister in der freien Spielzeit sehen, wenn sie Lust haben, oder aber auch aus dem Weg gehen, wenn es ihnen mal nicht so passt. Sie sind beieinander, aber haben auch ihre Zeit mit ihrer eigenen Gruppe, in der sie auf sich gestellt sind und ihre eigenen Sozialkontakte knüpfen können.

ICH BIN FROH
DASS MEIN KLEINER BRUDER MIT
MIR IN DER REGENBOGENGRUPPE IST.

DENN WENN
MEINE FREUNDE NICHT DA SIND, KANN
ICH IMMER MIT MEINEM BRUDE SPILEN.
UND WENN
UNS JEMAND ~~IMMER~~ ÄRGERD
DANN ÄRGERN WIR EINFACH ZURÜCK!

HANNO, 5

Doppelt so leicht oder halb so schwer?

Zwei Kinder – jetzt ist Ihre Familie wahrscheinlich komplett. Aber wie ist das Leben mit zwei Kindern denn nun wirklich: doppelt so leicht oder halb so schwer?

Für viele sind zwei Kinder der Inbegriff der perfekten Familie: das vierblättrige Kleeblatt ist komplett. Aber auch wenn Sie sich eingegroovt haben und vieles nicht mehr so schwer ist, wie es am Anfang erschien, packt Sie doch manchmal das Gefühl, dass Ihnen alles über den Kopf wächst, dass Sie es einfach nicht schaffen, jedem gerecht zu werden, und dass Sie selbst irgendwie mit Ihren Bedürfnissen auf der Strecke bleiben. Als Beruhigung möchte ich vorwegnehmen: Es wird tatsächlich immer leichter, je älter die Kinder werden.

Kinder gehen als Geschwister durch drei Phasen: In der ersten Zeit von der Geburt bis etwa zum achten Monat des Babys ist die Kennenlernphase. Das große Kind ist neugierig, beide lernen sich kennen, das große wächst in die neue Situation hinein. Solange das Baby noch viel schläft, haben Eltern auch noch mehr Zeit für das große Kind. Doch sobald das Baby mobil wird, wird es zum Rivalen. Es wird nicht nur zur Gefahr für die Bauklotzburgen, sondern es fordert auch mehr Aufmerksamkeit von den Eltern ein. Konflikte entstehen, es kann eine sehr schwierige Zeit folgen, die andauern kann, bis das jüngere Kind etwa anderthalb ist. Denn dann fängt auch das jüngere Kind an zu verstehen, zu sprechen und wird mehr und mehr als Spielkamerad anerkannt. Von da an nimmt die Rivalität wieder ab – was aber Streit natürlich nicht ausschließt.

Sie werden bald merken: Beim zweiten Kind geht Ihnen vieles leichter von der Hand. Sie sind erprobt darin, eine Windel schnell im Stehen zu wechseln (mit der richtigen Übung geht das tatsächlich einfacher!). Sie können ein echtes Weinen von einem grantigen Meckern un-

Maike, Mama von Elisa (3) und Sebastian (1)

Wir finden keinen Babysitter

>> *Als wir nur ein Kind hatten, kam meine Mutter gerne vorbei und hat auf unsere Tochter aufgepasst, sodass wir abends auch mal zusammen essen gehen konnten oder ins Kino. Diese Zeiten zu zweit haben wir immer sehr genossen. Aber seit unser Sohn auf der Welt ist, fühlt sich meine Mutter mit zwei Kindern überfordert und wir möchten ihr das auch nicht zumuten. Einen anderen Babysitter haben wir bisher leider nicht gefunden. Die meisten sagen gleich ab, wenn sie hören, dass wir zwei Kinder haben und eins davon noch so klein ist. Ich hoffe, das wird anders, wenn sie etwas größer sind, denn wir würden gern mal wieder einen ungestörten Abend zu zweit verbringen.* <<

terscheiden. Wenn die Kinder älter sind, müssen Sie nicht mehr als Hauptspielpartner herhalten und einen Nachmittag lang den Daueranimateur geben. Allerdings müssen Sie eine ganze Weile den Streitschlichter spielen. Ich kann Sie beruhigen: Zwei Kinder machen nicht doppelt so viel Arbeit wie eines. Aber gerade in der ersten Zeit wird der Alltag chaotischer werden, es wird anstrengender und Sie werden noch weniger Zeit für sich selbst haben. Zwei Kinder sind nicht so leicht an einen Babysitter abzugeben wie eines, und zwei Kinder fordern einfach mehr ein. Da ist nichts zu beschönigen. Im Alltag wird einiges anders sein als zuvor.

Zwei Kinder bedeuten mehr Termine

Mit zwei Kindern müssen wir Eltern uns noch einmal neu organisieren. Je älter die Kinder werden, umso mehr Termine prasseln auf die Familie ein: Adventsfeier in der Krippe, Nikolausfeier im Kindergarten, Fasching hier und Geburtstagsfeier da, ach ja, und die U-Untersuchungen beim Kinderarzt …

Irgendwann stellt sich auch die Frage, für welche Kinderkurse Sie Ihre Kinder anmelden. War es mit einem Kind noch recht einfach, einmal die Woche zum Turnen und einmal die Woche zur musikalischen Früherziehung zu gehen, ist das mit zwei Kindern schon schwieriger zu organisieren, wenn Sie nicht jeden Tag in der Woche einen Auswärtstermin haben möchten. Je nachdem, wie alt die Kinder sind, können sie manche Kurse auch zusammen belegen – so gibt es altersübergreifende Turngruppen oder Geschwisterkurse bei der musikalischen Früherziehung.

Aber nicht immer interessieren sich beide Kinder gleichermaßen für das Singen und natürlich kann ein Dreijähriger nicht am Seepferdchenkurs des Fünfjährigen teilnehmen. Schon artet die Nachmittagsbeschäftigung in eine einzige Rennerei von Termin zu Termin aus und Sie fragen sich irgendwann unweigerlich: Wo bleibt eigentlich die Zeit für uns, als Familie? Zeit zum Durchatmen? Wann können wir einfach mal gemütlich einen Nachmittag vertrödeln?

Pausen schaffen

Mindestens einen Nachmittag in der Woche sollten Sie sich freihalten, besser sind zwei oder mehr freie Nachmittage. So bleibt Zeit, mal gemütlich nach dem Kindergarten das große Puzzle zu legen, auf dem Spielplatz Sandburgen zu bauen oder sich mit anderen Kindern zu verabreden.

Vergessen Sie nicht: Kinder haben schon im Kindergarten oder der Krippe ihr tägliches Programm und den halben Tag viele andere Kinder um sich. In den meisten Kindergärten sind Dinge wie Turnen und Singen im Wochenplan enthalten. Wir Eltern müssen kein schlechtes Gewissen haben, wenn unsere Kinder nicht mit vier Jahren schon Ballett- oder Klavierunterricht nehmen. Und mehrere Studien haben belegt, wie wichtig das freie Spielen für die Entwicklung der Kinder ist: Kinder lernen am besten durch freies Spielen. Es schult alle Sinne, die Motorik und ist wichtig für das Sozialverhalten.

Leider wird das viel zu oft unterschätzt und die Nachmittage werden mit Kursen vollgepackt. Gerade Babymütter fühlen sich oft gestresst, weil sie für ihre Kleinen nur das Beste und von PEKiP über Babyschwimmen bis hin zur Babymassage alle Angebote mitnehmen wollen. Aber manchmal ist weniger einfach mehr. Wir Eltern müssen unseren Kindern nicht immer ein Programm bieten, schon gar nicht bis zum Abendbrot. Kinder brauchen Zeit, um auch mal Langeweile zu haben, das fördert die Kreativität und lässt neue Ideen entstehen. Auch um in den Spielflow zu kommen, brauchen sie Zeit und freie Räume.

Kraft schöpfen als Familie

Das gilt übrigens auch für die Wochenenden, die Sie sich ebenfalls nicht vollstopfen sollten. Ein Wochenende darf auch einfach mal verbummelt werden, es muss nicht jedes Wochenende ein Freizeitpark, ein Aquarium oder ein Zoo besucht werden. Eine der schönsten Erinnerungen aus meiner Kindheit sind die Wochenenden, an denen ich fast den ganzen Tag im Schlafanzug verbrachte und einfach nur spielte und spielte und spielte. Dieses wohlige Gefühl ist mir stärker im Gedächtnis geblieben als alle Zoobesuche.

Überhaupt stärken gemeinsame Familienrituale wie das lange Sonntagsfrühstück, der Familienspaziergang nach dem Mittagessen oder auch die tägliche gemeinsame Mahlzeit das Zusammengehörigkeitsgefühl und die Familie an sich. Also stressen Sie sich und Ihre Kinder nicht, sondern lassen Sie auch mal verbummelte Tage zu, an denen einfach nichts auf dem Plan steht.

Britta, Mama von Ron (6) und Finn (3)

Ich habe die Termine radikal reduziert

>> *Früher hatten wir dreimal die Woche irgendwelche Kinderkurse nach dem Kindergarten. Musik für den Großen, Musik für den Kleinen, Fußball für den Großen, Turnen für den Kleinen. Ich war gefühlt nur unterwegs von Termin zu Termin. Irgendwann merkte ich, dass sich fast alle Gespräche darum drehten, dass sich die Kinder schneller anziehen sollten. Da habe ich radikal reduziert. Wir haben jetzt keine fixen Termine mehr. Seitdem haben wir Zeit, in der Garderobe im Kindergarten ganz in Ruhe alle gemalten Kunstwerke anzuschauen oder auf dem Heimweg lange an der Baustelle stehenzubleiben und dem Bagger zuzuschauen. Das tut uns allen gut, die Kinder streiten weniger und ich meckere seltener. Und ganz ehrlich: Im Kindergarten haben sie doch alles: Einmal die Woche machen sie dort Musik, einmal die Woche turnen sie – das muss ich ihnen doch nicht auch noch am Nachmittag bieten.* ◄

Finanzielle Mehrbelastung

Klar kosten zwei Kinder mehr als eines. Besonders zu spüren ist das im Urlaub, vor allem, wenn die Kinder ab dem zweiten Geburtstag einen eigenen Sitzplatz im Flugzeug brauchen und im Restaurant ein eigenes Kindergericht vertilgen. In

Hotels können Sie nicht mehr einfach ein Doppelzimmer nehmen, sondern müssen ein teureres Familienzimmer buchen, weil in einem Doppelzimmer aus Feuerschutzgründen nur maximal zwei Erwachsene und ein Kind schlafen dürfen. Die Kindergartengebühren werden mehr und wenn die Kinder in die Schule kommen, brauchen Sie zwei Schulranzen, zwei Mäppchen, zwei Füller, doppelt so viele Hefte …

Aber vergessen Sie nicht: Bei zwei Kindern verdoppelt sich die finanzielle Mehrbelastung glücklicherweise nicht. Gerade wenn die Kinder klein sind, können viele Anschaffungen vom ersten Kind übernommen werden: Kinderwagen, Wickelkommode, Autositz (sofern er unfallfrei blieb), Fahrrad, Rutschauto, Kleidung und Spielsachen. Wenn Sie zwei Kinder gleichen Geschlechts haben, sind Sie in Sachen Kleidung und Spielzeug fein raus – für alle anderen empfiehlt es sich, zumindest in den ersten Jahren, wo Kinder beim Kauf noch nicht so mitreden, auch auf geschlechtsneutrale Kleidung und Spielsachen zu setzen, damit das zweite Kind sie auch nutzen kann.

Spartipps mit zwei Kindern

Speise- und Einkaufsplan erstellen: Wer jeden Tag einkaufen geht, bei dem landet fast immer mehr im Einkaufswagen, als die Familie eigentlich braucht. Ein Wochenplan spart Zeit und Geld, weil Sie viel seltener in die Verlockung kommen, doch noch die Schokolade mitzunehmen.

Leitungswasser trinken: Leitungswasser ist bekanntlich bestens überprüft und Sie sparen Schleppen und Geld. Wenn Sie Ihre Kinder von klein auf an Leitungswasser gewöhnen, vermissen sie Mineralwasser überhaupt nicht und halten

es dann im Restaurant für etwas besonders Tolles. Oder Sie kaufen einen Wassersprudler und machen Ihr Sprudelwasser selbst.

Im Restaurant eine Beilage mehr: Sind Ihre Kinder noch klein, ist es oft billiger, im Restaurant eine Beilage mehr zu ordern statt einen Kinderteller: Einfach zum Erwachsenengericht Bratkartoffeln oder Kartoffelbrei extra bestellen.

Wäsche an der Luft trocknen: Lassen Sie, sooft es geht, die Wäsche auf der Leine trocknen, denn ein Wäschetrockner ist zwar bequem, aber auch ein echter Stromfresser.

Die Kinder zusammen baden lassen: Solange sie klein sind, finden Kinder es lustiger, gemeinsam in der Badewanne zu planschen als alleine. Das spart Wasser und Energie.

Kinderflohmärkte lohnen sich: Es muss nicht alles neu sein, denn gerade Babykleidung wird selten aufgetragen. Auch bei Spielzeug und Kinderbüchern können Sie echte Schnäppchen machen und Dinge, die man nur selten benötigt, wie Reisebettchen, sind meistens so gut wie nicht abgenutzt.

Jugendherbergen statt Hotels: Nur selten haben Jugendherbergen noch etwas mit den sterilen Klassenfahrtsherbergen unserer Kindheit zu tun. Sie bieten für Familien oft eine preisgünstigere Alternative zu Hotels und haben oft auch spezielle Familienzimmer. Informieren Sie sich doch einfach mal.

Außerhalb der Ferienzeit verreisen: Nutzen Sie die Nebensaison, solange Ihre Kinder noch nicht zur Schule gehen. Die Ersparnis ist fast schon sensationell.

Der Haushalt muss nicht perfekt sein

Ist ein Haushalt mit zwei Kindern doppelt so stressig wie mit einem Kind? Manchmal glauben Sie das vielleicht – wenn Sie mal wieder das Gefühl haben, nichts geschafft zu haben, und dann abends in der Fernsehwerbung eine perfekt glückliche Familie in einem perfekt sauberen Haus sitzen sehen und die gemeine Stimme in Ihrem Kopf Sie als »Versager« tituliert. Vielleicht ist es ein Trost zu wissen, dass Sie nicht alleine sind mit diesen Gefühlen.

Es hilft, sich immer wieder daran zu erinnern, dass dieses »Happy-Family-Bild« aus der Werbung oder von den Fotos der Promis nicht der Wahrheit entspricht. Nein, es gibt sie nicht, diese perfekte, heile, pastellfarbene Welt, in der modisch gestylte Mamas mit frisch geschnittenen Haaren und fleckenlosen weißen Pullis mit den nicht minder adrett angezogenen Kindern aufwändige Kuchen mit Fondantüberzug backen, abends schnell eine kreative Bastelei zaubern und ganz nebenbei noch entzückende Babykleidung nähen. Und das alles in einem aufgeräumten Haus! Gestritten wird in diesen Werbe-Familien auch nie, da wird allenfalls spielerisch lachend und mit perfekt sitzender Frisur eine Kissenschlacht gemacht.

Nein. Dieses Bild entspricht nicht der Realität. Lassen Sie sich davon nicht beeinflussen. Am besten, Sie blenden diese Bilder vom ach so perfekten Familienleben einfach aus. Mit der Wirklichkeit hat diese Welt ebenso wenig zu tun wie der Weihnachtsmann und das rosafarbene Einhorn. Egal, was Ihnen erzählt wird: Eine Familie ohne Streit gibt es nicht. Ein Haushalt mit Kindern ohne überquellenden Wäschekorb ebenso wenig. Und ein Esszimmertisch, unter dem nie Krümel zu finden sind, ist in Familien mit kleinen Kindern eine Rarität. Nein. Das Leben mit Kindern ist chaotisch. Oft jedenfalls. Es ist stressig und manchmal auch ganz schön nervig. Aber es ist trotzdem wunderschön.

....

Regine, Mama von Jonathan (4) und Tom (2)

Ich hätte nie geglaubt, dass ich mal so müde sein kann!

>> *Ich schlafe so oft abends mit den Kindern zusammen ein. Dabei genieße ich so gerne die zwei Stunden Feierabend auf dem Sofa, ein bisschen lesen, ungestört mit meinem Mann reden, etwas nur für mich machen. Das bleibt leider oft auf der Strecke in unserem Alltag, denn irgendjemand will immer etwas von mir.* <◗

....

Prioritäten setzen

Je mehr Kinder Sie haben, umso mehr Hände werden Sie sich wünschen. An allzu trubeligen Tagen, wenn beide Kinder gleichzeitig etwas von mir wollen, pflege ich meine Kinder regelmäßig zu fragen, ob sie denn schon gesehen haben, dass mir eine dritte Hand am Rücken gewachsen ist. Sie lieben diese Frage, können sich jedes Mal kringelig darüber lachen und verstehen dennoch ganz genau, was ich damit sagen will: Es geht nicht alles gleichzeitig. Genau das müssen wir Eltern uns immer wieder sagen: Eins nach dem anderen und es muss auch gar nicht alles erledigt werden. Wer Kinder hat, lernt schnell, mal fünfe grade sein zu lassen. Man muss Prioritäten setzen.

Natürlich ist das kein Aufruf, das Haus verkommen zu lassen, und eine gewisse Grundhygiene sollte natürlich vorherrschen, erst recht mit Kindern. Aber es muss nicht steril rein sein und ein bisschen Chaos hat noch keinem geschadet.

Dann wird der Geschirrspüler halt erst abends gemeinsam ausgeräumt und dafür der Sonnenschein genutzt, um noch einmal draußen zu toben. Dann bleibt die große Eisenbahn halt über Nacht stehen – wer sagt denn, dass das Kinderzimmer jeden Abend aufgeräumt werden muss? Und zum Kindergartenfest können Sie auch ohne schlechtes Gewissen den Kuchen aus der schnellen Backmischung nehmen. Einfach ein bisschen Druck rauszunehmen, erleichtert den Alltag mit Kindern sehr. Und entspannt auch uns Eltern.

Sie wissen ja: Entspannte Eltern haben (meist) auch entspanntere Kinder. Wenn Sie merken, dass Sie mal wieder in die Perfektionismusfalle treten, dann fragen Sie sich: Woran werden sich die Kinder später wohl lieber erinnern? An den perfekt dekorierten Abendbrottisch oder an die gemütliche kuschlige Vorleserunde auf dem Sofa? Na also!

Eltern müssen nicht perfekt sein

Eltern müssen nicht perfekt sein. Das bezieht sich nicht nur auf die Ordnung. Ebenso wenig müssen wir stets pädagogisch korrekt reagieren, immer nur Dinge tun, die für die Entwicklung unserer Kinder förderlich sind, und alle pädagogischen Ratschläge penibelst befolgen. Wenn wir mal nicht alle pädagogischen Leitlinien beim Streitgespräch eingehalten haben, sollten wir uns keine Selbstwürfe machen und uns nicht noch mehr unter Druck setzen, sondern daran denken: Kinder verzeihen Fehler. Klar, wir sollten unsere Kinder nie runterputzen, demütigen oder verletzen – aber wenn einem mal ein pädagogisch unkorrektes »Jetzt platzt mir aber der Kragen!« herausschlüpft, ist das kein Weltuntergang.

....

Jelena, Mama von Lasse (7)
und Luisa (5)

Manchmal könnte ich einfach nur heulen

❯❯ *Wenn die Kinder mal wieder nur streiten, ich mit dem Haushalt nicht mehr hinterherkomme und keine fünf Minuten nur für mich habe, ist mir einfach nur zum Heulen. Oft habe ich dann das Gefühl, als müsste ich mich vierteilen und kann es einfach niemandem recht machen. Aber abends, wenn meine Kinder im Bett liegen und so friedlich schlafen, dann tut mir das ganze Me-*

ckern so unendlich leid und ich bin einfach nur froh, dass ich sie habe. ❮

....

Pragmatismus hilft

Eine gesunde Prise Pragmatismus hilft im Alltag mit Kindern. Dazu gehört auch Humor. Einfach mal über sich selbst lachen und das Groteske der Situation sehen. Sehen Sie die Streiche der Kinder als das, was sie sind, nämlich lustige Kinderstreiche. Und selbst wenn Sie pädagogisch immer alles absolut richtig machen, ist das noch lange keine Garantie für wohlgeratene Kinder.

Unsere Aufgabe als Eltern ist es nämlich auch, unseren Kindern schöne Erinnerungen zu bescheren. Also können wir ruhig noch eine Geschichte im Bett vorlesen, weil es grad so kuschelig ist, anstatt strikt auf die Einschlafzeit 19 Uhr zu pochen.

Nobody is perfect – das ist vielleicht ein etwas abgegriffenes Sprichwort, aber es steckt viel Wahres darin. Wer immer alles perfekt machen will, stolpert über kurz oder lang über seine eigenen Ansprüche. Das schlägt sich auf die gesamte Familie nieder. Man kann nun mal nicht alle Ideale erfüllen – weder die eigenen noch die von der Gesellschaft propagierten. Diesen Spagat sollten Sie also gar nicht erst versuchen, sondern ihren eigenen Mittelweg wählen: den Weg, der für Ihre Familie der beste Weg ist.

Tipps für den Alltag mit zwei Kindern

Der Alltag mit zwei kleinen Kindern kann ganz schön stressig sein. Auf den folgenden Seiten verrate ich Ihnen ein paar Tipps, die das Leben sehr erleichtern.

Die Natur hat es leider nicht vorgesehen, dass uns eine dritte Hand auf dem Rücken wächst, sobald das zweite Kind auf der Welt ist. Warum eigentlich nicht? Das würde uns den Alltag um einiges erleichtern. Das mit der dritten Hand kann ich leider nicht ändern – aber es gibt dennoch einige Tricks, die den Alltag mit zwei kleinen Kindern einfacher machen. So gibt es zum Beispiel ganz praktische Helfer für den Alltag.

Helferlein im Alltag

Eine dieser praktischen Erfindungen ist das Buggyboard, ein Brett auf Rollen, das man ganz einfach an den Kinderwagen anklipsen kann. Gerade, wenn die Kinder die klassischen zwei bis drei Jahre auseinander sind, hilft es ungemein, denn ein zweieinhalbjähriges Kind muss eigentlich nicht mehr im Buggy sitzen und kann alleine laufen – theoretisch. In der Praxis können die Mäuse aber ganz schön lauffaul sein und sind am späten Nachmittag manchmal auch einfach zu müde, um größere Distanzen zurückzulegen. Dazu kommt die Eifersucht auf das Baby, das so kuschelig im Wagen liegen darf, während man selbst durch die Stadt stapfen muss. Das Rollbrett ist ein Kompromiss, der den Kindern auch noch richtig Spaß bringt. Sie können bei Bedarf einfach draufsteigen und sind der Mama ganz nah – und wenn sie doch lieber laufen wollen, steigen sie einfach wieder ab.

Sind die Kinder vom Alter her sehr eng beieinander, ist ein Zwillingskinderwagen eher angebracht als ein Buggyboard. Da gibt es die unterschiedlichsten Modelle – Wagen, in denen die Babywanne und der Sportwagensitz nebeneinander

Hände frei, das Baby ist immer dabei und auf Augenhöhe. Auf dem Spielplatz, beim Kinderturnen oder beim Buggyschieben mit dem großen Kind hat es mir geholfen. Gerade, wenn Sie ein Baby haben, das tagsüber nur im Kinderwagen oder auf dem Arm schlafen will, macht eine Babytrage oder ein Tragetuch das Leben leichter.

Für einige Kinderhochstühle gibt es spezielle Babywannen, die man auf den Stuhl klemmen kann. In ihnen sitzt das Baby nicht, sondern liegt rückenschonend und ist so aber trotzdem auf einer Höhe mit den anderen am Essenstisch.

Anna, Mama von Luis (7) und Lena (5)

Die Babywippe hat viele Vorteile

» *Luis mochte die Babywippe gar nicht, aber bei Lena hätte ich nicht auf sie verzichten möchten. Von da aus hatte sie alles unter Kontrolle und war immer mit dabei. Natürlich habe ich sie nicht stundenlang reingesetzt, aber gerade, wenn ich gekocht habe, hat es ihr da besser gefallen, als auf dem Boden zu liegen.* «

Organisation ist alles

Ein wenig Organisation kann den Alltag mit zwei Kindern sehr erleichtern. Am

angebracht sind oder hintereinander. Sie sind zwar etwas sperriger als normale Kinderwagen, aber dafür haben sie auch ordentlich Stauraum, um Wickeltasche, Windelvorrat und was man sonst noch braucht, zu verstauen.

Sind Sie viel mit dem Fahrrad unterwegs, lohnt es sich, über die Anschaffung eines Anhängers nachzudenken. Denn zwei Kinder im Kindersitz, das funktioniert nun mal nicht, abgesehen davon, dass Babys darin sowieso nicht sitzen können. In einem Anhänger können Sie beide Kinder auf einmal transportieren, auch wenn sie älter als drei oder vier Jahre sind. Für Babys gibt es spezielle Einsätze, sodass sie liegend und sicher mitgenommen werden können.

Mir hat die Babytrage den Alltag am Anfang enorm erleichtert: Man hat die

Anfang denken Sie wahrscheinlich, dass Sie zu gar nichts kommen und außer Wickeln und Stillen nichts weiter erledigen können.

Ein bisschen Planung bringt viel Entlastung

Aber wenn sich alles eingespielt hat, können Sie sich mit ganz einfachen Kniffen das Familienleben leichter machen. Ein Klassiker ist der Mittagsschlaf des Babys, der oft in die Abholzeit aus dem Kindergarten des großen Kindes fällt. Was tun? Das Baby wecken und ein schreiendes Baby ankleiden? Das große Kind eine Stunde länger dort lassen? Verbinden Sie einfach das Abholen mit einem längeren Spaziergang, wenn der Kindergarten ohne Auto erreicht werden kann. Dann haben Sie Bewegung, frische Luft und das Baby schläft praktischerweise im Kinderwagen. Solange das Baby noch klein genug für die Babyschale im Auto ist, macht auch ein Mittagsschlaf auf der Autofahrt zum Kindergarten nichts – denn die Schale können Sie ganz praktisch unter den Arm klemmen und mitnehmen.

....

Maja, Mama von Lana (4) und Raja (2)

Beim Zweiten war ich viel entspannter

❯❯ *Bei unserem ersten Kind sind wir immer alle auf Zehenspitzen herumgetapst, wenn es schlief. Bis wir merkten, dass Babys ein gewisser Lärmpegel gar* *nichts ausmacht. Also haben wir beim zweiten Kind gar nicht mehr so drauf geachtet und Lana nicht ständig ermahnt, still zu sein. Ich habe bei Raja auch nicht mehr darauf geachtet, dass sie ihren Mittagsschlaf immer im Bett hält, sondern sie einfach überallhin mitgenommen. Sie hat gerne im Tragetuch geschlafen und ich musste meinen Tagesablauf nicht nur nach dem Baby ausrichten.* ❮❮

....

Bei der Tagesplanung sollten Sie immer darauf achten, den Tag nicht zu voll zu packen, sodass erst gar kein Stress aufkommt und Zeit genug bleibt, auf dem Weg vom Kindergarten auch noch den Regenwurm im Gras zu beobachten.

Aktivitäten am späten Nachmittag sollten Sie möglichst vermeiden. Ab 17 Uhr lässt die Energie bei den meisten Kindern spürbar nach, sie werden quengelig und streitbarer. Anstatt jetzt noch zum Musikunterricht oder zum Einkaufen zu gehen, sollten Sie sich diese Zeit freihalten und den Tag gemütlich ausklingen lassen.

Besondere Spielsachen, die nur zu besonderen Anlässen herausgeholt werden, können in den Situationen helfen, wenn gar nichts mehr geht und die Stimmung zu kippen droht. Genauso hilft es, einfach die Lieblingsmusik aufzulegen, laut und schräg dazu zu singen und zu tanzen – bei meinen Kindern wirkt das jedes Mal wahre Wunder, wenn Mama sich zum Deppen macht. Der angenehme Nebeneffekt: Ich bekomme dabei selbst gute Laune.

Zeitfenster einplanen

Überhaupt: Termine! War es mit einem Kind schon schwer, pünktlich zu sein, wird es mit zwei Kindern manchmal fast ein Ding der Unmöglichkeit. Haben Sie endlich beide Kinder angezogen, muss das eine aufs Klo und das andere macht genüsslich die Windel voll. Gerade im Winter ist es kein Spaß, wenn Sie Ihren kleinen Schatz mühsam aus Schneeanzug und Strumpfhosen pellen müssen. Am Ende sind Sie selbst durchgeschwitzt, total genervt und alle schreien, inklusive der Mama.

Verabredungen mit Freunden, Verwandten und anderen Müttern sollten Sie besser nicht auf die Minute genau planen, sondern Zeiträume verabreden: »Wir kommen zwischen drei und halb vier.« Dafür hat eigentlich jeder Verständnis und Sie können auch kurz durchrufen, wenn Sie sich auf den Weg machen, und so dem Wartenden das Planen erleichtern. Und schon müssen Sie sich und die Kinder nicht mehr stressen und antreiben, sondern können alles ein wenig gelassener angehen. Das Resultat ist verblüffend: Ist man selbst weniger gestresst, machen auch die Kinder meist weniger Probleme beim Anziehen.

Jeanette, Mama von Maximilian (5) und Johannes (3)

Wer ist am schnellsten?

>> *Meine Jungs lieben Wettkämpfe: Sie wollen überall die Schnellsten, Stärksten und Besten sein. Das habe ich mir zunutze gemacht und beim Anziehen und Fertigmachen den Wer-ist-am-schnellsten-Wettbewerb ausgerufen. Ich weiß, Eltern sollten ihre Kinder eigentlich nicht zum Vergleichen anregen, aber ich finde, hier darf das sein, denn es erfüllt seinen Zweck und macht auch noch Spaß. Seitdem sind wir wirklich schneller fertig.* <

Nun gibt es aber Termine, die lassen sich nicht mit einem »ungefähr kurz nach zwei« planen: das gemeinsame Frühstück im Kindergarten, der Arzttermin, die Musikstunde. Zuspätkommen nervt die Anwesenden und irgendwie ist es auch unangenehm, wenn das eigene Kind morgens immer das letzte ist, das zur Frühstücksrunde hinzustößt.

Kindern zu erklären, dass man pünktlich sein muss und sich beeilen muss, hilft nicht wirklich. Babys verstehen es sowieso nicht und selbst Fünfjährige haben nur ein eingeschränktes Zeitgefühl. Oder es ist ihnen schlicht egal. In diesen Fällen hilft ein kleiner Trick: Alles einfach eine Viertelstunde früher beginnen. Der Zeitpuffer hilft, gelassener zu bleiben. Anstatt das herumalbernde

Kind dann anzuschnauzen, es solle endlich mal die Schuhe anziehen und sie sich nicht auf den Kopf setzen, haben Sie mit etwas Zeitpuffer den Nerv, herzhaft mitzulachen, sich den eigenen Schuh auf den Kopf zu setzen und dann resolut Ihrem Kind die Schuhe anzuziehen. Humor entschärft so manche Situation.

Und gerade im Winter ist es zu empfehlen, sich als Mutter oder Vater erst ganz zum Schluss anzuziehen statt als Erster. Das vermeidet Schweißausbrüche und ohne dicke Jacke sind Sie zudem wendiger beim Einfangen des Kindes, das zum dritten Mal um den Esstisch saust.

....

Rebecca, Mama von Sina (6) und Valeska (4)

Meine Kinder wollten sich einfach nicht anziehen

>> *Sie haben beide immer furchtbar getrödelt. Ich habe dann angefangen, ihnen die Klamotten in der richtigen Reihenfolge hintereinander hinzulegen. Die waren dann ein Wegweiser und ganz am Ende, wenn alle angezogen waren, lagen ein paar Gummibärchen als Belohnung.* <<

....

Der Sanduhr-Trick

Ein bei vielen Eltern bewährter Trick ist es, jeden Schritt im Voraus anzukündigen: »In fünf Minuten ist Anziehzeit. Das heißt, ihr habt fünf Minuten Zeit, euer Brot aufzuessen.« Das können Sie wie einen Countdown noch einmal wiederholen: »Noch zwei Minuten, dann müssen wir die Schuhe anziehen.« Auch wenn Ihre Kinder noch kein Gefühl dafür haben, wie lang fünf Minuten sind, können sie sich innerlich auf den nächsten Schritt einstellen und werden daran erinnert, dass es bald losgeht.

Eine Sanduhr oder ein Wecker können helfen, den Kindern bewusst zu machen, dass die Zeit läuft oder tickt. Mit der Sanduhr können schon Kleinere früh verstehen, was es heißt, dass die Zeit vergeht, und wann die Hälfte des Sandes durchgelaufen ist. Ein weiterer Vorteil von Wecker oder Sanduhr: Es sind nicht die Eltern, die das Aufbruchsignal geben, sondern ein – als neutral angesehener – Wecker, also quasi eine dritte Person. Denen gehorchen Kinder meistens besser als den eigenen Eltern …

PAPA
anonym

Nein, ich komme nicht immer nach Feierabend direkt nach Hause. Wenn meine Frau sich nachmittags am Telefon gestresst anhört, fahre ich manchmal noch in den Baumarkt und bummele durch die Regalreihen.

....

Nadja, Mama von Linus (4) und Lara (2)

Wir haben Linus immer mit eingebunden

>> *Obwohl Linus erst zweieinhalb war, hat er eifrig mitgeholfen, Feuchttü-cher zu holen, die Mütze für Lara herauszusuchen und die Schuhe aus dem Schrank zu holen. Das hat uns nicht nur alles ein bisschen vereinfacht, son-dern ihn auch richtig stolz gemacht. Das Praktische: Er hat das auch so wei-tergemacht, als er älter wurde. Und je älter er wurde, umso mehr Aufträge konnten wir ihm erteilen.* ◂◂

....

Babys müssen nicht jeden Tag baden

Beim zweiten Kind hat man schnell raus, dass man das Baby nicht jeden Tag baden muss. Nein, auch nicht jeden zweiten Tag. Und auch große Kinder müssen nicht je-den Tag in die Badewanne – das trock-net nur die Haut aus. Sie werden feststel-len, dass Sie beim zweiten Kind gar nicht mehr den Nerv haben, das Baden so zu zelebrieren wie beim ersten Kind.

Wenn das Baby alleine sitzen kann, spart es Zeit und Wasser, die Kinder gemein-sam in die Badewanne zu stecken. Meine Jungs lieben es heute noch und haben ei-nen Riesenspaß dabei. Dass man kleine Kinder beim Baden nicht unbeaufsichtigt lässt, ist eine Selbstverständlichkeit. Ein fünfjähriger Bruder ist keine adäquate Aufsichtsperson. Ein sich sträuben-des Kleinkind, das partout nicht in die Wanne will, müssen Sie übrigens nicht dazu zwingen. Ein nasser Waschlappen hilft, sich diesen Stress zu ersparen.

Für das Baden von kleinen Kindern und Babys haben sich spezielle Badewannen-sitze bewährt, in denen Kinder sitzen und nicht wegrutschen können. Gerade mit zwei kleinen Kindern oder Zwillin-gen im Babyalter erleichtert das das ge-meinsame Baden ungemein.

Entspannt durch die Beikost-Zeit

Entspannter werden die meisten Eltern auch in Sachen Beikost. Haben Sie beim ersten Kind noch genau auf die Uhrzeit geachtet, merken Sie beim zweiten Kind bestimmt, dass es Ihrem Baby nicht so wichtig ist, ob es seinen Abendbrei um Punkt 18 Uhr erhält oder um 18.15 Uhr. Es schadet Kindern nicht, wenn sie mal mittags keinen warmen Gemüsebrei be-kommen, sondern den kalten Nachmit-tagsobstbrei, weil Sie gerade unterwegs sind. Dann gibt es das Gemüse halt am Nachmittag oder am Abend. Natürlich ist eine gewisse Routine wichtig für Kinder – aber Sie müssen nicht stoisch daran festhalten. Auch Breirezepte sind nicht in Stein gemeißelt. Beim zweiten Kind werden Sie schnell merken, dass das Abwiegen von Kartoffeln und Mohrrüben nicht nötig ist.

Annika, Mama von Rieke (3) und Jule (8 Monate)

Kein Stress mit dem Babybrei

» *Beim ersten Kind habe ich noch jede Kartoffel abgewogen und mich genau an Breirezepte gehalten. Den Brei habe ich immer selbst gekocht, immer frisch und natürlich zu bestimmten Uhrzeiten. Wie oft bin ich aus der Stadt nach Hause geflitzt, um ja um 12 Uhr den Mittagsbrei zu servieren. Beim zweiten Kind greife ich aus Bequemlichkeit oft zum Gläschen und das Baby wächst ganz genauso so. Wenn ich selbst koche, dann frei Schnauze. Oft will der Zwerg sowieso bei uns mitessen. Das Nachhause-Flitzen habe ich mir ganz abgewöhnt. Wenn Jule unterwegs schon Hunger hat, bekommt sie ein bisschen Wasser, einen Babykeks oder halt einen Obstbrei aus dem Glas, den man nicht warm machen muss.* «

Meistens ist das zweite Kind viel früher am Familienessenstisch dabei als das erste. Denn salzarm und mit wenig Pfeffer kochen Sie sowieso wegen des großen Kindes – da kann auch ein Einjähriger schon mitessen. Durch diese entspanntere Haltung ist das ganze Thema Beikosteinführung leichter zu handhaben.

Jana, Mama von Peter (10) und Ida (3)

Ida saß schon früh mit am Tisch

» *Unsere kleine Tochter wollte schon früher vom normalen Essen etwas abhaben als unser Peter. Sie saß mit am Tisch, hat dann weichgekochtes Gemüse in die Hand bekommen und daran herumgenagt. So haben wir die Breizeit viel schneller hinter uns gebracht, gerade unterwegs und im Urlaub war das eine große Erleichterung.* «

Sparen mit dem Wochenessensplan

Was das Essen der Großen betrifft, kann ein bisschen mehr Planung die ganze Woche erleichtern: Ein Essensplan für die Woche, den Sie beispielsweise sonntags gemeinsam erstellen, spart Zeit und Geld. Sie müssen nicht jeden Tag neu überlegen, was die Familie essen könnte, Sie können clever für zwei Tage kochen oder Reste des Vortags am nächsten Tag als Suppe servieren. Montags wird für die Woche eingekauft, sodass nur noch frisches Fleisch oder verderbliches Gemüse nachgekauft werden müssen. Wenn Sie Ihrem Mann die lange Einkaufsliste in die Hand drücken, sparen Sie das Schleppen. Und weil Sie seltener einkaufen gehen, legen Sie seltener Dinge, die Sie gar nicht brauchen, in den Einkaufswagen. So sparen Sie mit einem Wocheneinkauf auch noch Geld.

Haushaltspflichten aufteilen

Sind die Kinder älter, kann ein Wochenplan für Haushaltstätigkeiten den Alltag erleichtern. So weiß jeder, was zu tun ist, dass die anderen Familienmitglieder auch ihre Aufgaben zu erledigen haben und diese Pflichten gerecht verteilt worden sind. Wöchentlich werden die Aufgaben gewechselt, sodass niemand zu kurz kommt. Eine Aufteilung der Pflichten vermeidet Streit schon im Vorfeld.

Schon kleine Kinder helfen übrigens gerne im Haushalt. Sie können Dreijährige durchaus mit einbeziehen und ihnen Aufgaben übertragen wie Möhren schälen oder beim Wäscheaufhängen helfen. Meistens erledigen sie diese Aufgaben mit großem Stolz.

....

Janina, Mama von Johanna (9) und Mattis (6)

Unsere beste Investition, seit wir Kinder haben?

» *Definitiv unsere Putzfrau! Die 30 Euro pro Woche sind gut angelegtes Geld: Wir haben ein sauberes Haus, gewonnene Zeit und keinen Streit mehr darüber, wer jetzt staubsaugt oder wieso das Klo nicht geputzt ist. Die Ordnung hält leider in einem Haushalt mit Kindern nie lange an, aber es tut gut, dass einmal die Woche eine gewisse Grundsauberkeit hineinkommt. Da spare ich lieber an neuen Schuhen.* «

....

Überhaupt erleichtern Familienregeln das Zusammenleben. Wenn klar ist, dass vor dem Essen alle den Tisch decken oder nach dem Essen zusammen ihre Teller in den Geschirrspüler stellen, kommt es gar nicht erst zu Diskussionen. Auch Verhaltensregeln wie, vor dem Essen die Hände zu waschen, während des Essens nicht aufzuspringen und einander ausreden zu lassen, stärken das Zusammengehörig-

MAMA

Wenn mir meine Kinder auf die Nerven gehen, verziehe ich mich mit meinem Handy aufs Klo und schließe die Tür ab.

keitsgefühl und schaffen für alle einen verlässlichen Rahmen.

Schluss mit dem Perfektionismus

Sich vom Perfektionsdruck frei zu machen und die eigenen Ansprüche auf ein realistisches Niveau runterzuschrauben hilft, einen kühlen Kopf zu bewahren. Der Stress wird weniger, wenn Sie auch mal fünfe grade sein lassen.

Konsequenz in der Erziehung wird immer wieder gepredigt und hat auch ihren Sinn. Aber ganz ehrlich: Sind es nicht gerade die Ausnahmen in der Kindheit, an die man sich besonders erinnert?

Kinder wollen keine Robotereltern. Wenn Sie Ihren Kindern mal erlauben, sich mit dem Gartenschlauch nass zu spritzen, wird die Welt nicht untergehen. Diese Ausnahme untergräbt die elterliche Autorität nicht, aber sie macht das Leben bunter.

Einkaufen mit zwei kleinen Kindern

Der Stress beginnt schon am Eingang des Supermarktes und geht munter weiter, quer durch den ganzen Laden, bis wir endlich – ich schweißgebadet und entnervt – bezahlt haben und auf dem Heimweg sind.

Nur ein Kindereinkaufswagen – aber natürlich wollen beide schieben. »Ich wollte aber schieben!« – »Nein, ich!« Der Vorschlag mit dem Abwechseln wird gepflegt überhört. Erst als ich vorschlage, dass einer diesen tollen Korb zum Hinterherziehen haben könne, verstummt das Geschrei. Mit dem Resultat, dass beide unbedingt den Korb hinter sich herziehen wollen. Zum Glück gibt es davon wenigstens mehrere. Kind 1 fasst der Reihe nach alle Äpfel an, ehe ich auch nur ein »Nicht alles anfassen« geraunt habe. Kind 2 packt derweil fünf Ananas in seinen Korb, die wir natürlich nicht brauchen. Gezeter, weil ich sie bis auf eine wieder auspacke. Nun wollen beide unbedingt, dass ich ihren Korb zuerst fülle. Während ich den Kohlrabi in den einen Korb packe, verschwindet der Kleine mit seinem Korb im nächsten Gang und will unbedingt drei Packungen Zucker mitnehmen.

So drehen wir drei unsere Runde im Supermarkt. »Mama, eigentlich wollte ich mal wieder Schokopudding essen.« Auf mein »Nein« hin ändert sich der höfliche Ton in ein schrilles Schreien. Eine ältere Dame flüchtet Richtung Kasse. Das andere Kind stimmt in das Schreien mit ein, aber hauptsächlich, weil sein Bruder es grad geboxt hat.

Noch schnell Milch gekauft, das Klopapier in den Korb geworfen und mit zwei Sirenen im Schlepptau den Weg zur Kasse angetreten. Nun folgen die gefährlichsten Meter. Da stehen die großen Displays, die immer im Weg sind und deren Schokoladentafeln so einladend auf Kinderaugenhöhe angeordnet sind. »Eigentlich wollte ich auch mal wieder Schokolade essen«, fängt das eine Kind an. Das andere Kind schreit einfach nur »Schokolade!« Vorbei an vorwurfsvollen Blicken schiebe ich uns an die Kasse und beginne die Sachen aufs Band zu schmeißen. Nun streiten sie sich, wer

was aufs Band legen darf, die Eier muss ich schnell selbst übernehmen, denn Rührei soll es eigentlich erst zum Abendbrot geben.

Während ich beflissen lächelnd die Waren, die die Kassiererin im Rekordtempo über das Band zieht, verstaue, zappelt der Große vor mir her. Irgendwie schafft er das Kunststück, absolut jede Mikrosekunde des Bezahlvorganges im Weg zu stehen. Während ich die Frage nach Bonuskarten und sonstigen Rabattpunkten verneine, macht sich der Kleine schon mal

auf den Weg Richtung Ausgang. Nach einem kurzen Zwischenspurt schaffe ich es, das Wechselgeld in die Handtasche zu werfen und zwei schreiende Kinder samt Einkaufstaschen zum Ausgang zu bugsieren. Geschafft. Das nächste Mal gehe ich wieder ohne Kinder – es wird wie ein Wellnessurlaub sein.

Deshalb der heiße Tipp: Kaufen Sie ohne die Kinder ein! Zum Beispiel, bevor Sie die Kinder aus dem Kindergarten abholen oder noch besser morgens, denn dann sind die Supermärkte angenehm leer.

Und weil's so schön war ...

Zwei Kinder – das kann es doch nicht gewesen sein, oder? Ein drittes, viertes, fünftes Kind wäre doch schön. Auch wenn es mehr Nerven, Arbeit und Geld kostet.

Für viele Eltern sind zwei Kinder die perfekte Zahl: In Deutschland leben nur in jedem zehnten Haushalt drei Kinder, vier Kinder sogar nur in drei Prozent aller Haushalte. Die meisten Eltern hören nach zwei Kindern auf. Ökonomen haben dafür einen wirtschaftlichen Grund gefunden: Mehr als zwei Kinder vermitteln keinen weiteren Nutzen. Auch Psychologen und Soziologen bestätigen, dass die Entscheidung für oder gegen ein drittes Kind die schwerste Entscheidung in der Familienplanung sei. »Wir haben zwei gesunde Kinder, fordern wir nicht unser Glück heraus, wenn wir noch ein drittes bekommen?«, habe ich viele Eltern sagen hören. Es läuft doch alles grad so gut – was, wenn das dritte Kind behindert ist? Zerbricht daran nicht die Familie? Wieso sollten wir die Situation ändern und mit dem Stress, den noch ein Kind unweigerlich mit sich bringt, alles aufs Spiel setzen?

Christine, Mama von Charlotte (6) und Anna-Lena (2)

Vielleicht doch ein drittes Kind?

>> *Eigentlich wollten wir immer zwei Kinder. Auch nach der Geburt von Anna-Lena war ich erst einmal überzeugt, dass zwei Kinder völlig reichen. Aber als sie dann größer wurde, hatte ich das Gefühl, dass alles viel zu schnell vorbeiging und ich die Babyzeit mit ihr gar nicht richtig genießen konnte. Der Wunsch nach einem dritten Kind wurde immer stärker. Natürlich ist es toll, dass die Mädchen aus dem Gröbsten raus sind und wir Eltern gerade wieder ein bisschen Freiheit zurückerhalten. Aber die Sehnsucht bleibt. Wir haben uns noch nicht entschieden. Es wäre ein großer Schritt und wir müssen viele Fragen klären: Haben wir ge-*

nug Platz im Haus? Reicht unser Geld? Haben wir die Nerven, noch einmal die schlaflosen Nächte zu überstehen? ◂

....

Die lieben Finanzen

Zwei Drittel der Eltern gaben in einer Studie der BAT-Stiftung für Zukunftsfragen an, dass sie sich wegen finanzieller Ängste gegen ein drittes Kind entschieden haben. Dabei steigen die Kosten pro Kind nicht linear. Das erste Kind ist – rein wirtschaftlich gesehen – das teuerste. Viele der Anschaffungen für das erste Kind gehen an das zweite Kind – und auch an das dritte Kind – über.

Natürlich entstehen mehr Kosten, wenn mehr Kinder in der Familie leben. Je größer die Kinder werden, umso höher sind

diese Kosten. Das Statistische Bundesamt hat ausgerechnet, dass ein weiteres Kind etwa 450 Euro pro Monat zusätzlich kostet. Darin enthalten sind Kosten für Essen, Kleidung, Freizeitbeschäftigung und Warmwasser. Zu diesen Ausgaben kommen weitere hinzu, zum Beispiel zusätzliche Kindergartengebühren – von Urlaub, Freizeitvergnügen wie Zoo und Essengehen ganz zu schweigen.

Um den Lebensstandard zu halten, den sie mit zwei Kindern hätten, müssen Eltern von drei Kindern rund 4000 Euro netto verdienen, haben Statistiker vom Statistischen Bundesamt berechnet. Das sind etwa 500 bis 700 Euro mehr als mit zwei Kindern. So ein Nettoeinkommen ist für viele Familien nicht machbar, weshalb das Armutsrisiko in Großfamilien größer ist. Jeder fünfte Haushalt mit drei Kindern lebt in Armut, die übrigen 80 Prozent sind gut betuchte Familien.

Die Hälfte der Mütter von drei Kindern gibt ihren Beruf zumindest vorübergehend auf oder arbeitet länger in Teilzeit, als sie es mit zwei Kindern getan hätte. Das wirkt sich nicht nur auf das Familieneinkommen, sondern auch auf die spätere Rente aus.

Die Betreuung von drei Kindern im Kindergarten ist nicht nur teurer als für zwei, auch außerhalb des Kindergartens wird es schwieriger, einen Babysitter für drei Kinder zu finden. Viele Babysitter trauen es sich nicht zu, drei kleine Kinder gleichzeitig zu betreuen, und viele Großeltern sind bei drei Kindern nicht mehr so einfach einzuspannen. Auch die Exklusivzeit für jedes einzelne Kind wird natürlich weniger.

Besonders, wenn der Abstand zwischen dem zweiten und dem dritten Kind groß ist, kommen viele Eltern ins Grübeln: Nun haben wir gerade die stressigen Jahre hinter uns. Sollen wir da quasi wieder von vorne beginnen? Natürlich kommt mit drei Kindern mehr Trubel ins Haus – aber gleichzeitig auch viel Freude und Leben.

Tanja, Mama von Pia (6), Mika (3) und Hanno (1)

Toll, dass wir drei Kinder haben

>> *Vom Auto bis zum Urlaub ist heute fast alles auf eine Drei- oder Vier-Personen-Familie zugeschnitten. Mit drei Kindern wird vieles richtig kompliziert. Einen Flugurlaub mit Hotel online zu buchen, klappt nur mit Schwierigkeiten und ist natürlich viel teurer als mit zwei Kindern. Ich hatte das tägliche Organisieren total unterschätzt. Wenn die drei Kinder nachmittags unterschiedliche Kurse haben, bin ich ständig unterwegs vom Turnen zur Musik und dann noch zur Krabbelgruppe. Für mich selbst bleibt da nur wenig Zeit. Trotzdem würde ich immer wieder ein drittes Kind bekommen, denn ich möchte den Trubel bei uns zuhause nicht missen. Und drei Kinder sorgen nicht nur für viel Arbeit, sondern auch für ganz viel Glück. <<*

Manche Eltern sagen, dass der Unterschied von zwei zu drei Kindern geringer war als der von einem zu zwei Kindern: weil sie schon eingespielt waren, mehreren gerecht zu werden. Weil das große Kind seine Entthronung schon hinter sich hatte, während das zweite Kind sowieso daran gewöhnt war, seine Eltern zu teilen. Andere Eltern sagen genau das Gegenteil, nämlich, dass das dritte Kind noch einmal alles verändert hat. Klar ist: Ein drittes Kind mischt die Karten neu. Die Frage, ob es noch ein drittes Kind sein soll, kann man nicht rein rational beantworten, denn das Bauchgefühl spielt eine große Rolle. Hören Sie einfach in sich hinein: Fühlen Sie sich jetzt als Familie komplett? Überfällt Sie beim Anblick jedes Babys eine tiefe Sehnsucht? Dann sind Sie vielleicht bereit für das Abenteuer drittes Kind. Entscheidungen müssen ja nicht immer logisch sein – schon gar nicht, wenn es um Gefühle geht. Denn so viel ist klar: Das Leben mit Kindern ist wunderschön!

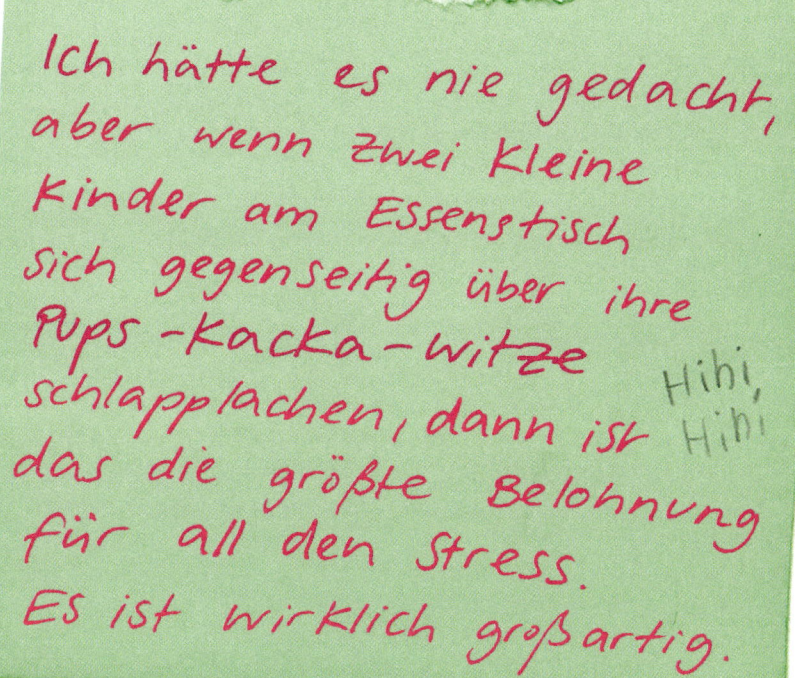

Ich hätte es nie gedacht,
aber wenn zwei kleine
Kinder am Essenstisch
sich gegenseitig über ihre
Pups-Kacka-witze
schlapplachen, dann ist Hihi, Hihi
das die größte Belohnung
für all den Stress.
Es ist wirklich großartig.

Service

Blog der Autorin
www.ganznormalemama.com

Bücher zum Weiterlesen:
Jürg Frick: **Ich mag dich – du nervst mich! Geschwister und ihre Bedeutung fürs Leben.** Verlag Hans Huber, Bern 2004.

Helga Gürtler: **Mit dem zweiten Kind wird alles anders. Wenn Kinder teilen lernen müssen. Wie Eltern die Konkurrenz unter Geschwistern spielend meistern können.** Südwest Verlag, München 1995.

Jesper Juul: **Grenzen, Nähe, Respekt. Auf dem Weg zur kompetenten Eltern-Kind-Beziehung.** Rowohlt Taschenbuch Verlag, Reinbek 2009.

Christina Kaniak-Urban/Andrea Lex-Kachel: **Wenn Geschwister streiten. Lösungswege, die funktionieren.** Kösel Verlag, München 2013.

Hartmut Kasten: **Die Geschwisterbeziehung Teil 1.** Hogrefe Verlag, Göttingen 1993.

Hartmut Kasten: **Geschwister: Vorbilder, Rivalen, Vertraute.** Ernst Reinhardt Verlag, München 2003.

Dorothee Kammerer: **Die lieben Geschwister. Ihre Rivalität verstehen – ihren Zusammenhalt stärken.** Mosaik Verlag, München 1997.

Remo H. Largo: **Babyjahre. Entwicklung und Erziehung in den ersten vier Jahren.** Piper Verlag, München 2007.

Jirina Prekop: **Erstgeborene. Über eine besondere Geschwisterposition.** Kösel Verlag, München 2000.

Marcel Rufo: **Geschwisterliebe. Geschwisterhass. Die prägendste Beziehung unserer Kindheit.** Piper Verlag, München 2004.

Stefanie Schaeffler: **Was mit dem Zweiten anders wird ...** Südwest Verlag, München 2003.

Jeanette Stark-Städele: **Mein Geschwisterchen. Wenn das zweite Kind kommt.** Urania Verlag, Stuttgart 2006.

Frank J. Sulloway: **Der Rebell der Familie. Geschwisterrivalität, kreatives Denken und Geschichte.** Wolf Probst Siedler Verlag, Berlin 1997.

Liebe Leserin, lieber Leser,

hat Ihnen dieses Buch weitergeholfen? Für Anregungen, Kritik, aber auch für Lob sind wir offen. So können wir in Zukunft noch besser auf Ihre Wünsche eingehen. Schreiben Sie uns, denn Ihre Meinung zählt!

Ihr TRIAS Verlag

E-Mail-Leserservice
kundenservice@trias-verlag.de

Lektorat TRIAS Verlag
Postfach 30 05 04
70445 Stuttgart
Fax: 0711 89 31-748

Stichwortverzeichnis

Bibliografische Information der Deutschen Nationalbibliothek
Die Deutsche Nationalbibliothek verzeichnet diese Publikation in der Deutschen Nationalbibliografie; detaillierte bibliografische Daten sind im Internet über http://dnb.d-nb.de abrufbar.

Programmplanung: Celestina Filbrandt
Redaktion: Ursula Brunn-Steiner, Vaihingen/Enz
Bildredaktion: Christoph Frick, Nadja Giesbrecht

Umschlaggestaltung und Layout: CYCLUS Visuelle Kommunikation, Stuttgart

Bildnachweis:
Umschlagfoto: Getty Images
Fotos im Innenteil: S. 7 (unten re. und li.): Nathalie Klüver; weitere drei Bilder: privat
fotolia: S. 8/9, 23, 32, 37, 47, 54/55, 65, 79, 88/89, 95, 99, 137
Illustrationen: Daniela Sonntag, Stuttgart

1. Auflage

© 2018 TRIAS Verlag in Georg Thieme Verlag KG, Rüdigerstraße 14, 70469 Stuttgart

Printed in Germany

Satz und Repro: Fotosatz Buck, Kumhausen
Gesetzt in Adobe InDesign CS6
Druck: AZ Druck und Datentechnik GmbH, Kempten

Gedruckt auf chlorfrei gebleichtem Papier

ISBN 978-3-432-10451-5

Auch erhältlich als E-Book:
eISBN (ePub) 978-3-432-10453-9

1 2 3 4 5 6

Besuchen Sie uns auf facebook!
www.facebook.com/
mama.mag.trias

Lassen Sie sich inspirieren!
www.pinterest.com/
triasverlag